Q&A

税務調査 税務判断に役立つ

裁判・審査請求読本

税理士
佐藤 善恵【著】

清文社

はじめに

今でこそ、民間出身の国税審判官は、全国で50名（平成25～27年度）という水準を保っていますが、私が採用された平成22年度は、前年度の在籍者8名のところに私たち第4期生が加わり、採用後の在籍者数が18名と、国税不服審判所における民間人はまだまだ少数派でした。

審判所では、合議体といって3名の審判官で一つの事件を検討します。私が1年目に属した合議体は、前職がそれぞれ「国税職員・弁護士・税理士」という組み合わせで、審判所において初めての試みだったようです。経験、経歴、考え方等、全く異なる3名が同僚として勤務し、皆で議論をして一つの結論を出すという作業は、予想どおり簡単なものではありませんでした。

そして、税理士と弁護士のモノの見方が全く異なることに気付きました。「税理士は仕訳で物事を考え、弁護士は法律で物事を考える。」という話を聞いたことがありますが、全くそのとおりだと思いました。審判所は法律に基づき判断をするところですから「仕訳で考えたら当たり前」という理屈では議論になりません。一方で、租税理論には会計学的な発想や経済学的な要素が含まれており、条文のみから単純に見極められない論点もあります。このような混沌とする状況の中で議論を繰り返すうちに、私は、両方のものの見方を融合させることこそが重要なのだと考えるようになりました。

さて、本書は、私が審判所1年目に同じ合議体でお世話になった弁護士の坂田真吾氏に大変なご協力をいただき、多くの貴重なご意見をいただきました。そして、審判官1年生だった私が疑問に思ったこと、理解できなかったこと、教えてもらったこと、議論したこと、目からウロコが落ちたこと、それらを税務調査に活かすといった発想でまとめました。

また、本書を実務に役立つ本として執筆するにあたり、私が着目したことは、最近の税務調査では調査担当者が「争点整理表」を作成するという事務処理手順に従い処分の検討をしているという点です。これは、法的な考え方や技術が、調査において重要視されていることを意味するのですが、実際には顕著な変化としてまだ現れていないようであり、読者にとって関心が高いものではないかもしれません。しかし、国税組織では、数年前から調査担当者向けに法的な研修が行われているのですから、調査担当者の資質は少しずつ変化しているはずです。そして、このようなことから私は、たまに耳にする「税務調査では交渉術とテクニックが重要」といった理解が通用しない場面が、今後、増えてくるだろうと考えています。仮に、交渉の余地があったとしても、法的な側面からも発言できるか否かで結果に違いが出てくるでしょう。

本書で扱うテーマの多くは、異なる角度からの見方の一例を示すものです。また、法的な用語については、わかりやすさを追求する観点から、説明の厳密性を緩やかにしていますので、ご留意いただきたく思います。

皆さんの知識やご経験に、本書の内容がスパイスとして加わることになれば幸いです。

税理士　佐藤善恵

著者略歴

平成14年　税理士登録
平成18～20年　同志社大学大学院総合政策科学研究科　非常勤講師
平成19～20年　立命館大学大学院経営管理研究科　非常勤講師
平成21～22年　近畿税理士会調査研究部専門委員
平成22～26年　国税不服審判所大阪支部　国税審判官
京都大学ＭＢＡ、米国公認会計士協会正会員、ＣＦＰ®
現在、京都大学大学院法学研究科博士後期課程

著書・論文等

『判例裁決から見る加算税の実務』（税務研究会出版、平成27年）
『社長のギモンに答える法人税相談室』（清文社、平成21年）
『税理士のための相続をめぐる民法と税法の理解』（ぎょうせい、平成21年）
『実践ＬＬＰの法務・会計・税務』（新日本法規出版・共著、平成19年）
平成26年度科研費・奨励研究「専門家報酬の税法上の扱いについて―譲渡所得の計算上控除される『取得費』の範囲―」（税法学５７４号、平成27年）他
ホームページ　http://www.yoshie-sato.com/　〔研修講師承ります。〕

もくじ

Ⅲ 税務調査に関するギモン

Ⅳ 不服申立て・審査請求に関するギモン

Ⅴ 不服申立ての可否

※　本書で使用している略称　国税通則法……通法、国税徴収法……徴法、所得税法……所法、所得税基本通達……所通、法人税法……法法、租税特別措置法……措法、国税通則法7章の2関係通達……通法7章の2関係通達、不服審査基本通達（審査請求関係）……不基通（審）、同（異議申立て関係）……不基通（異）

※　本書の内容は、平成27年11月1日現在の法令等によります。

（カバーデザイン等　東　雅之）

I 法的なものの考え方

Q1-1

「法的三段論法」とは何ですか？

A

「法的三段論法」とは、法律が適用されるかどうかの判断について、①法令解釈等（大前提）、②事実認定等（小前提）、③課税要件を満たしているかどうかの判断（当てはめ）、の三つの段階に分けて行うことです。

このような思考過程をとることで、結論に説得力を持たすことができます。調査担当者との意見の食い違いがある際には、主張したいことを「法的三段論法」で整理してみると良いでしょう。

解説

1 概説

三段論法は、論理的な思考をする場合や論理的な文章を書く場合に用いられる技術です。例えば、「①林檎は果物である。」という一般的なルールに、「②ここにあるのは林檎である。」

という目の前の事実を当てはめて、「③ここにあるのは果物である。」という結論を出すというものです。この場合、①を大前提、②を小前提、③を当てはめと呼びます（図①）。

（図①）

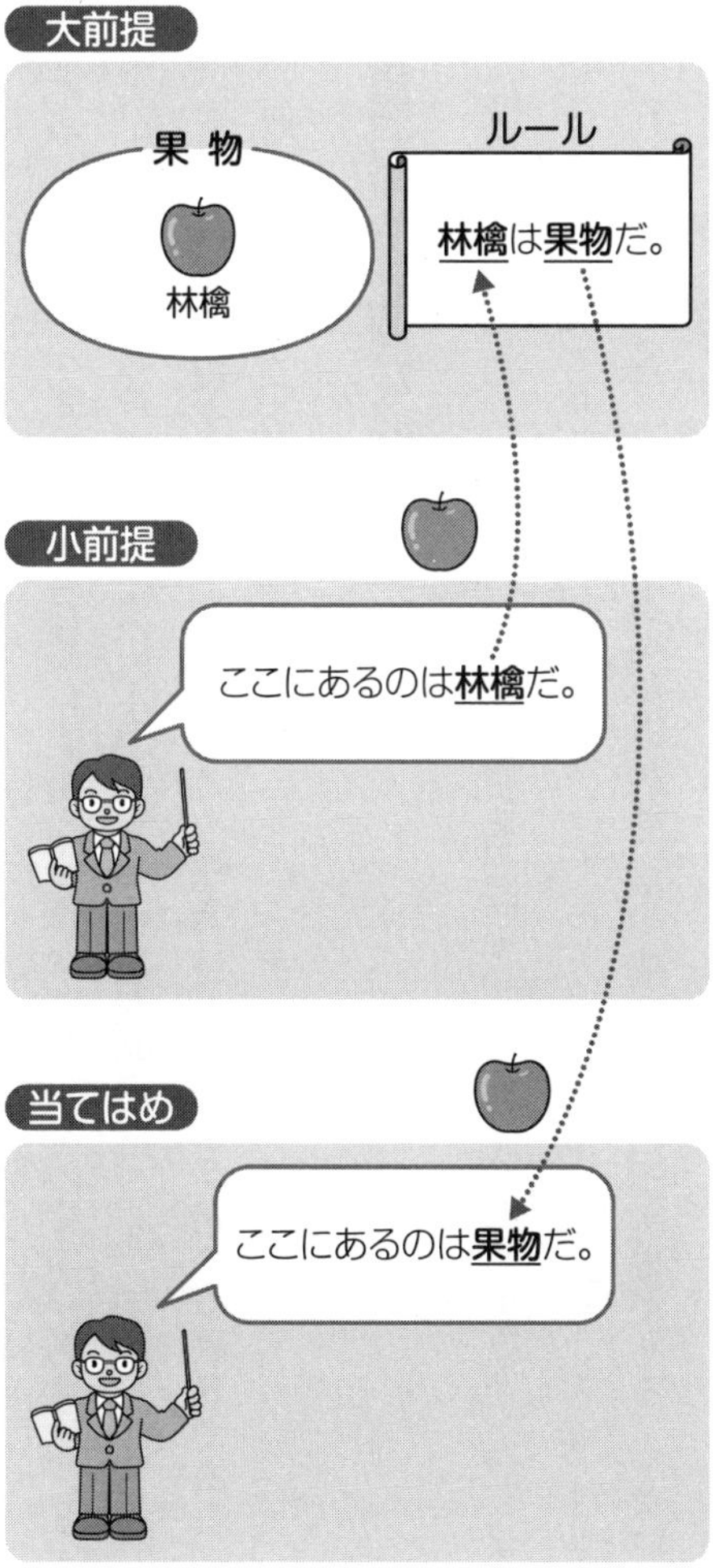

そして、この三段論法を、法律で用いることが、法的三段論法です。課税関係は租税法というルールに則って決められるので、租税法の法令解釈という大前提を事実に当てはめて結論を出していることを示すことで、結論に説得力を持たせているのです。例えば、「①内国法人は法人税を納める義務がある（法法4①）。」という大前提に、「②この法人は、内国法人である。」という小前提を当てはめて、「③この法人は、法人税を納める義務がある。」という結論を導くということです（図②）。

2 価値判断や評価が必要

法的三段論法は、機械的な当てはめ以外に、価値判断や評価という要素が必要となります。例えば、「①譲渡所得とは、資産の譲渡による所得をいう（所法33①）。」というルールに、「②彼は、資産を譲渡した。」という事実があれば、「③彼には、譲渡所得がある。」という結論になります。少し変則的ですが、基本は、図①の例と同じです。

もっとも、現実には、「譲渡所得とは資産の譲渡をいう。」というルールににについて、「資産」とは具体的にはどういうものを指すのかという問題があります。また、ここでの「譲渡」についても、売買だけを指すものではないことは皆さんもご存知のとおりです。このようなルールの解釈、つまり、具体的にはどういった解釈をとるのかについて争いになることを、「法

(図②)

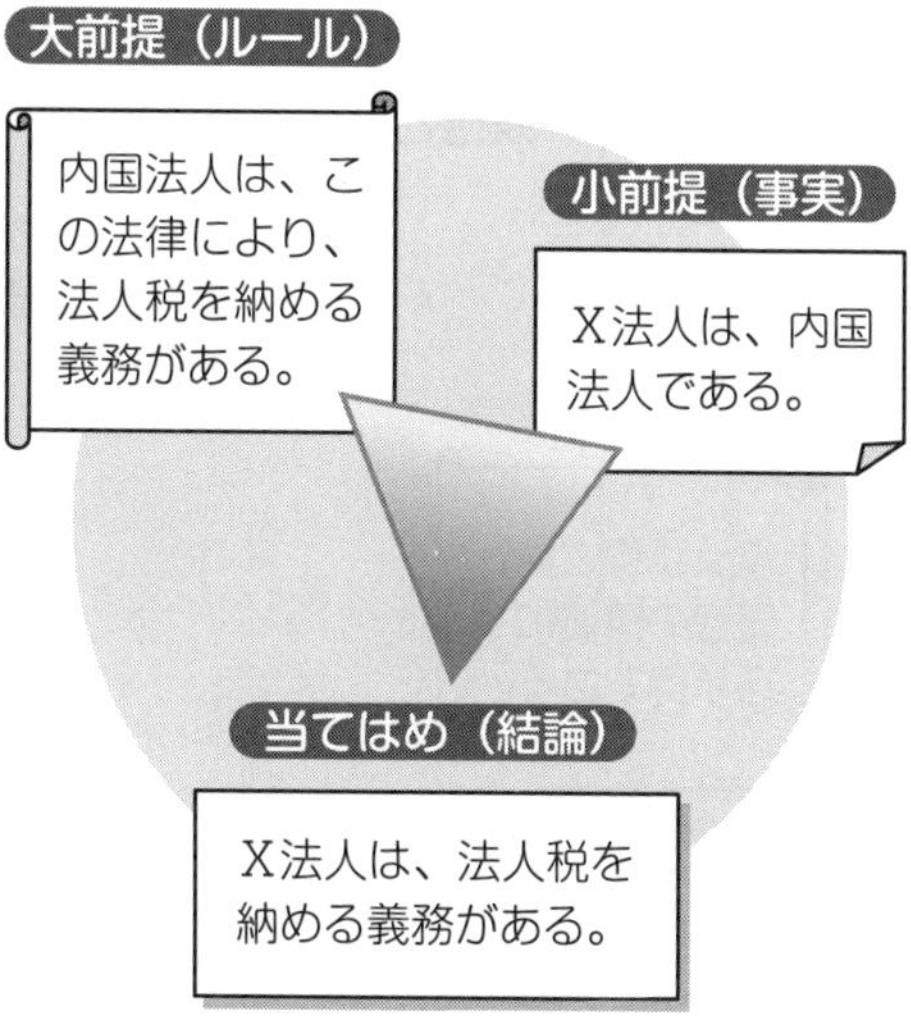
大前提（ルール）
内国法人は、この法律により、法人税を納める義務がある。
小前提（事実）
X法人は、内国法人である。
当てはめ（結論）
X法人は、法人税を納める義務がある。

令解釈の争い」（※）と呼びます。

一方で、「②彼は、資産を譲渡した。」という事実についても、売買契約書があるけれども本当に資産を譲渡したのかどうかわからないようなときなど、「資産の譲渡」という事実があったか否かで争いになるケースもあります。このような争いを「事実認定の争い」と呼びます（図③）。

（図③）

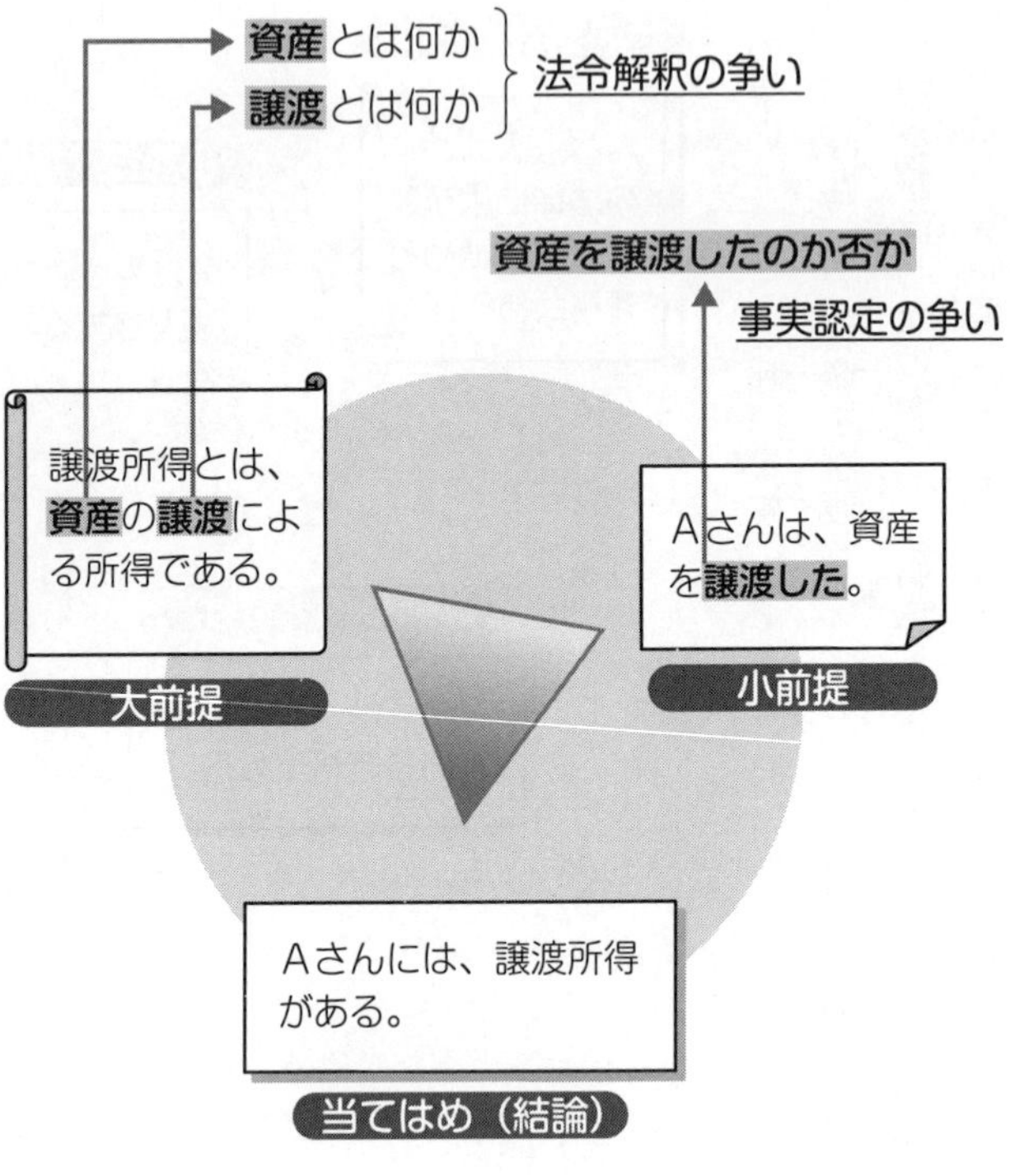
資産とは何か
譲渡とは何か
法令解釈の争い
資産を譲渡したのか否か
事実認定の争い
譲渡所得とは、資産の譲渡による所得である。
Aさんは、資産を譲渡した。
大前提
小前提
Aさんには、譲渡所得がある。
当てはめ（結論）

大前提（ルール）については、過去の裁判例や裁決事例、法律の趣旨、通達などから判断基準（規範）を定めるという作業が必要となります。そして、小前提（事実）についても、様々な証拠から事実を認定したり、評価を加えたり判断したりといった作業が必要となってきます。

※「資産」に関する解釈の一例
譲渡所得の基因となる資産とは、…借家権又は行政官庁の許可、認可、割当等により発生した事実上の権利も含まれる（所通33－1）。

Q1-2 「事実認定」とは何ですか？

A 「事実認定」とは、証拠によって過去の事実を明らかにして、判断の基礎となる事実を認定することをいいます。

解説

1 概説

法的三段論法の手順を思い出してみましょう。「①譲渡所得とは資産の譲渡をいう。（所法33①）。」というルールに、「②甲さんは、資産を譲渡した。」という事実を当てはめて、「③甲さんには、譲渡所得がある。」という結論を出すということでした。

この場合、「②甲さんは、資産を譲渡した。」という事実を認定する必要があります。しかし、過去のある時点、ある場所での出来事は、私たちは自分の目で見て確認することはできませんし、相手に見せることもできません。

そこで、過去の事実から生み出されて現在に残る痕跡（証拠）から、過去の事実を認定して、法的三段論法を構成する二番目の要素である「事実（小前提）」を定めるという作業が必要となります。

2 事例1

例えば、窃盗事件で、Xさんが Yの車から財布を盗んだという事実を認定できるかどうかが問題となっているとします。

この場合に、目撃者がいるとしますと、その証言はひとつの証拠です。その目撃者が、「XがYの車から財布を盗んでいるのを見た。」と言った場合、その証言が信用できるのなら、「XがYの車から財布を盗んだ。」という事実を直接認定することができます（図①）。

一方、「XがYの車のドアを開けているのを見た。」という証言があった場合、その証言が信用できるとしても、「XがYの車から財布を盗んだ。」という事実を認定することはできません。せいぜい、怪しいという程度です。

前者のように、そこから直接に事実を認定できる証拠を「直接証拠」といい、後者のように、直接事実を認定できない証拠を「間接証拠」といいます。

間接証拠の場合は、他の間接証拠、例えば、「Xがその後急に金回りが良くなった」とか、

(図①)

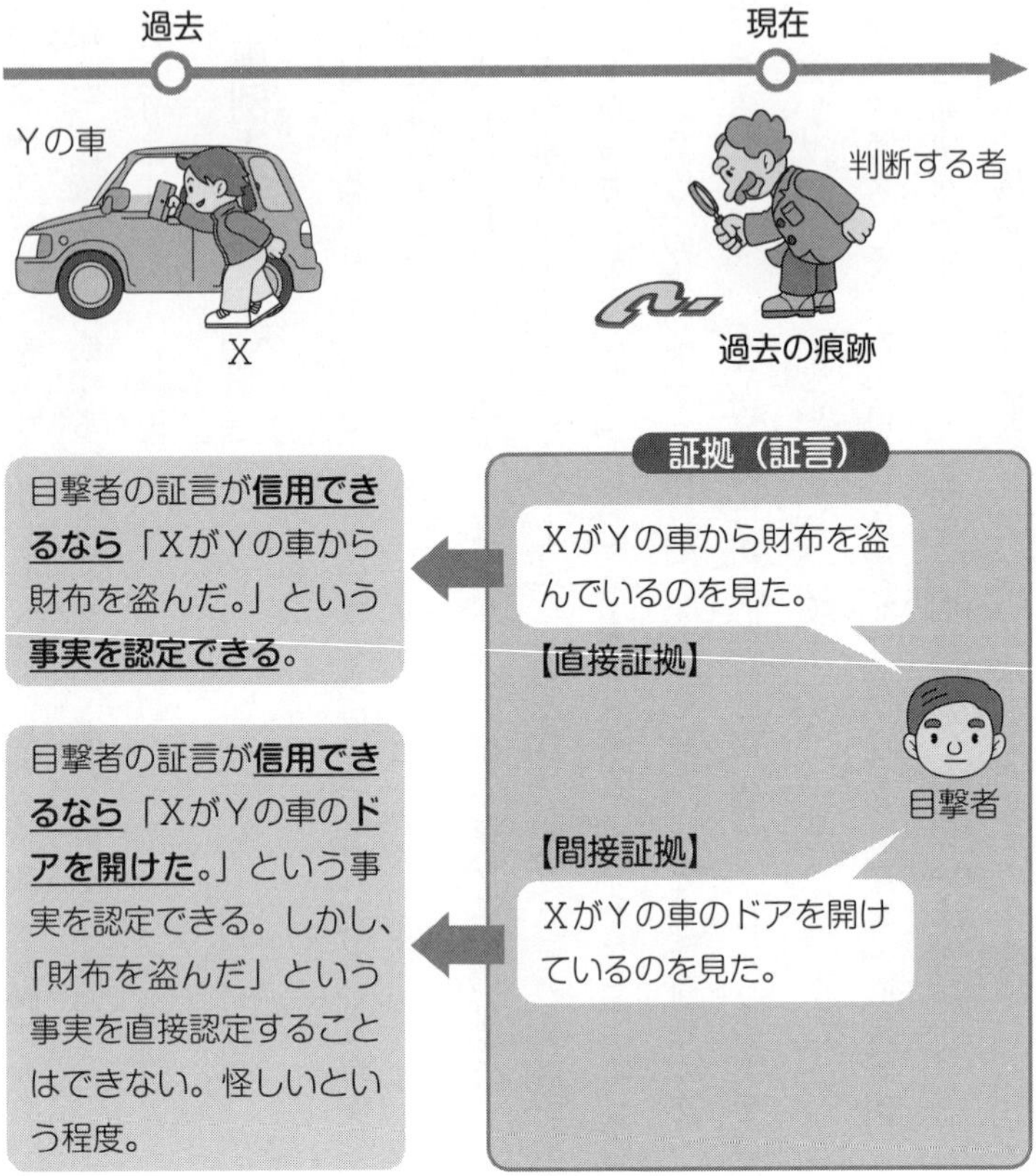
過去
現在
Yの車
X
判断する者
過去の痕跡
証拠（証言）
XがYの車から財布を盗んでいるのを見た。
【直接証拠】
目撃者
【間接証拠】
XがYの車のドアを開けているのを見た。
目撃者の証言が**信用できるなら**「XがYの車から財布を盗んだ。」という**事実を認定できる**。
目撃者の証言が**信用できるなら**「XがYの車の**ドアを開けた**。」という事実を認定できる。しかし、「財布を盗んだ」という事実を直接認定することはできない。怪しいという程度。

「窃盗事件があった後に、現場近くでXの所持品が発見された」などといった事実を積み上げて、事実を認定していくことになります。

課税処分の中には、一つの弱い間接証拠から事実を認定（決めつけ）してしまっているケースがあります。当然、争いとなった場合には、維持できない、つまり処分が取り消されるということになるのでしょうが、それ以前の段階で、調査の場においても、調査担当者が証拠からきちんと事実を認定しているのかといった視点でチェックすることも大切です。

3 事例2

例えば、あなたは国税審判官だとします。あなたは、事件の審理において、個人事業主の必要経費控除についての判断に直面しているとします。ここで、〝事業主が従業員の一部のみを対象として飲食を共にしてその費用を事業主が出していた。〟という事実が認められれば、その飲食費は必要経費として認められないという結論になるとします。

あなたは、事業主が従業員と食事をしている場面は直接見ることはできませんが、証拠からその事実を認定することはできます。

〈証拠〉

・従業員Aの答述「事業主と二人で食事に行きました。食事代は事業主が出してくれました。」

・従業員BやCの答述「事業主とは一度も一緒に食事に行ったことはありません。」

・レストラン△の従業員の答述「〇さん（事業主）はAさんと二人で月に2～3回、食事に来られていましたよ。」

・・・・・

このような証拠からみると、「事業主が従業員の一部のみを対象として飲食を共にしてその費用を事業主が出していた。」という事実は認定できそうです。時間と空間を超えて、過去の事実を認定すること……それが「事実を認定する。」ということです。

Q1-3 「立証責任」とは何ですか？

A

例えば、課税処分については、一般的に、課税庁側が確実な証拠で、合理的な疑いを入れない程度にまで立証する責任があるとされています。このような場合、課税庁が立証責任を負っているといいます。

解説

1 要件事実の存否

当事者が自分に有利な要件事実を立証できなかった場合、その事実は存在しないという扱いを受けることを「立証責任を負っている」といいます。なお、要件事実とは、一定の法律効果が発生するために必要な具体的事実のことをいいます。

例えば、「「資産が譲渡された」という事実があれば、譲渡所得が生ずる。」ということが論点となっている場合、そこでは「資産の譲渡」という事実が要件事実となります。この場合、譲渡所得が生ずるか否かの判断のために「資産の譲渡」という事実の有無を明確にしないといけません。しかし、場合によっては、証拠からみて、その事実があったのか、なかったのか、どちらとも言えないという状態になることがあります。そうなると、譲渡所得があるのか否かについて、判断をすることができないという不都合なことが生じます。

このような場合は、立証責任を負っている側に不利な判断を下して、結論を出すということになります。一種の法的な技術だといえます。

例えば、「資産の譲渡」という事実があるにも関わらず無申告であったなら、課税処分が行われることになります。この場合に、課税庁が立証を尽くしても、課税処分をするために必要な事実が存在するかどうかが立証できなければ、その事実は存在しなかったものとして、納税者に有利に判断されることになります。具体的には、「資産の譲渡という事実」は存在しなかったものとして、納税者に有利な判断が下されるということです。つまり、「疑わしきは課税せず」ということです（図①）。

2 立証責任の所在

立証責任がどちらにあるのかは、理論上定まっています。課税処分（例えば、所得がこれだけあるということ。）については、課税庁が立証責任を負うとされています。一方で、例

(図①)

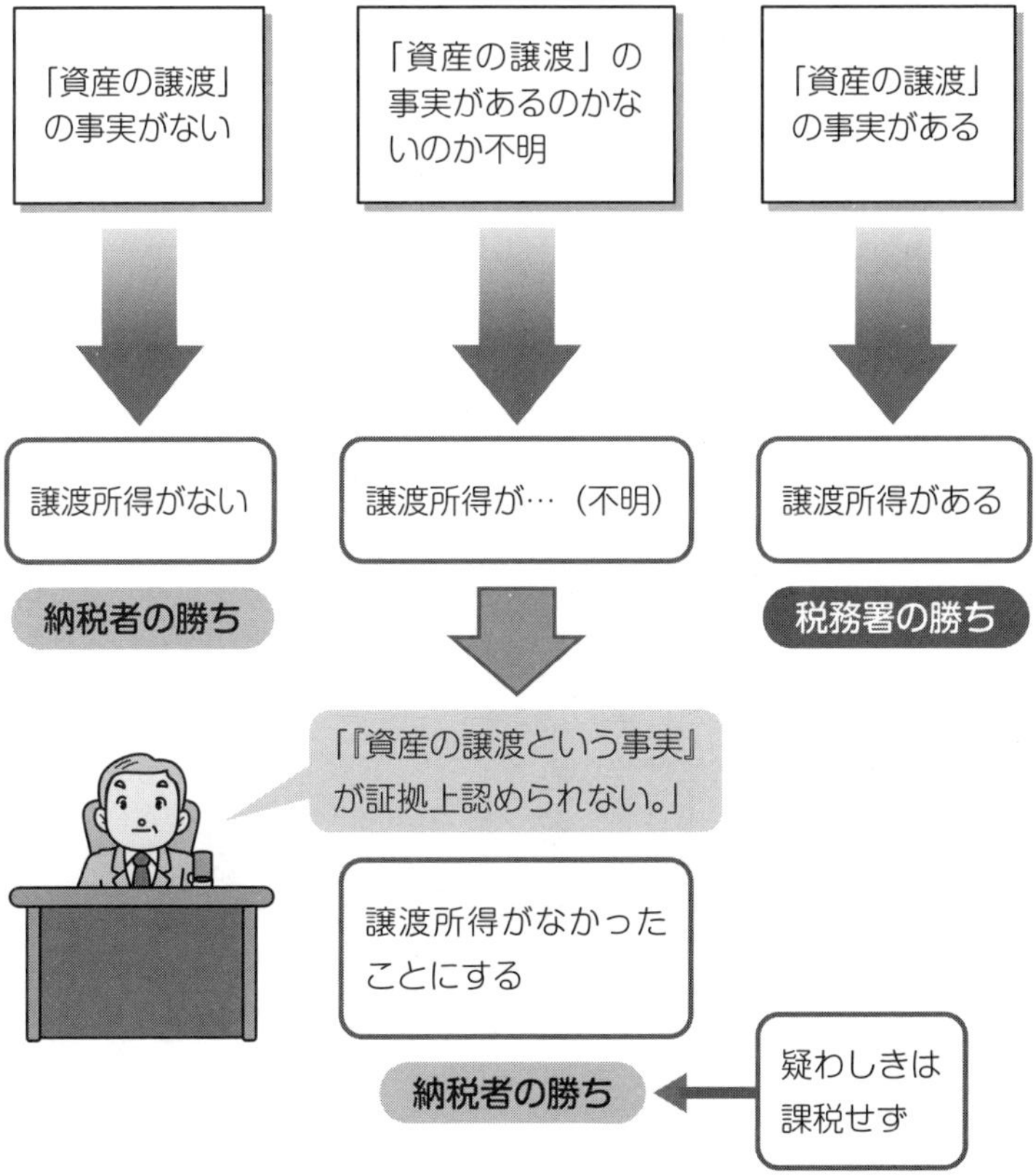
「資産の譲渡」の事実がない
「資産の譲渡」の事実があるのかないのか不明
「資産の譲渡」の事実がある
譲渡所得がない
譲渡所得が…（不明）
譲渡所得がある
納税者の勝ち
税務署の勝ち
「『資産の譲渡という事実』が証拠上認められない。」
譲渡所得がなかったことにする
納税者の勝ち
疑わしきは課税せず

えば、過少申告加算税における正当な理由に当たる事実など、納税者に有利に働く事実については、納税者が立証責任を負うと解されています。

もっとも、実際の税務訴訟の場面では、このような単純な話ばかりではありません。ここまでの説明は、厳密には「客観的立証責任」と呼ばれるものです。これに対して、「主観的立証責任」として、事件審理の過程で、納税者側にも一定の立証が求められるケースもあります。

3 事例

必要経費の裁決事例で、ご説明しましょう（平成25年11月27日裁決）。

本裁決の争点のひとつである旅費交通費に関するものを取り上げます。「法令解釈」の部分を読みますと、どのような判断基準なのかがわかりますが、審判所は、本裁決において必要経費の立証責任について、次のように述べています。

> 必要経費の立証責任については、原則として原処分庁にあると解すべきであるが、一般に必要経費は納税者にとって有利な事柄であり、納税者の支配領域内のこととして証拠資料を整えておくことが容易であるから、原処分庁が具体的な証拠に基づき一定額の経費の

存在を明らかにし、これが収入との間に合理的対応関係を有すると認められる場合は、これを超える額の必要経費は存在しないものと事実上推定され、納税者は、経費の具体的内容を明らかにし、ある程度これを合理的に裏付ける程度の立証をしなければ、上記推定を覆すことはできないと解するのが相当である。

〈判断構造〉

この部分の構造は次のようになっています。

①原処分庁が認定した必要経費の内容および金額は合理的である。

②だから納税者は、それを超える額の経費については合理的に立証する必要がある。しかし、納税者は領収証を保存していない。

③請求人は出張の証拠としてカレンダーを提出したが、総勘定元帳と整合しない箇所が散見されるから、出張したことを認めるに足りる証拠とはいえない。他に、立証できる証拠資料はない。

④したがって、必要経費に算入することはできない。

〈考え方の整理〉

必要経費について、必要経費が××円あるということは、所得が△△円あるという事実に連動しています。したがって、原則的には課税庁側に立証責任があるということになります。しかし、必要経費に関する証拠資料はほとんどが納税者側にありますし、さらに必要経費自体は、納税者側に有利な事柄です。このようなことから、課税庁側が一定額の経費の存在を立証している場合において、納税者がそれを超える額の必要経費があると主張したい場合には、納税者が、ある程度合理的に裏付ける程度の立証をする必要があるとされているのです。

Word「事実上の推定」

「推定」とは、ある事実から他の事実を推認することです。事実Aがあるときに事実Bがあるということを人（裁判官等）が自己の心証で判断することです。これに対して、「法律上の推定」とは、「事実Aがあれば事実Bがあると推定する。」と法律に規定されているもので、例えば同時死亡の推定（民法32条の2）「数人の者が死亡した場合において、そのうちの一人が他の者の死亡後になお生存していたことが明らかでないときは、これらの者は、同時に死亡したものと推定する。」などがあります。

Q1-4 どういったものが「証拠」になるのですか？

A

どのような事実を立証しようとしているのかを、整理してみましょう。裁判で使用される「証拠説明書」を参考に整理すれば簡単です。

解説

1 証拠とは

証拠とは、証明が必要な事実の存在又は不存在について、判断者（裁判官、審判官等）が判断を下す根拠となる資料です。

契約書や帳簿などの文書については、記載されている内容だけでなく、その文書自体の物理的な側面、筆跡や印影なども証拠になることがあります。また、人の話した内容も証拠となりますので、「弁明書」「○○に関する説明」などと題して、書面化した上で税務署に提出することができます。

2 証拠の説明書

民事訴訟において、証拠を裁判所に提出する際は、「証拠説明書」（※）を同時に提出しなければなりません。

証拠証明書には、「標目（題名等）、原本か写しの別、作成者、作成年月日、立証趣旨」を記載することになっています。これらの欄が埋まらないようなものは、証拠としてはふさわしくないと考えられますので、まず、様式を参考に手元にあるものを整理してみると良いでしょう。

「証拠説明書」（表①）を使うことで、それぞれの証拠で何を立証しようとしているのかが一目瞭然となりますので、主張を理解してもらいやすくなるというメリットがあります。

3 証拠について気をつけること

証拠として使えるかどうかに関しては、「証拠説明書」の記載欄にもありますが、「誰が」「いつ」作成したものかという点も重要です。特に、本人や関係者の業務日誌のようなものの場合は、その日に作成したものか、後日に作成したものかによって、記載内容どおりの事実が認定できるかどうかに関して、その信用力（証拠力）が異なります。したがって、税務調査

(表①)（証拠説明書の例）

号証	標目		作成年月日	作成者	立証趣旨
	（原本・写しの別）				
甲1号証	領収証	写し	平成27年8月1日	山田□□	平成27年8月1日に山田□□が売買代金を受領したこと
甲2号証	顧問税理士の業務日誌	写し	平成28年1月20日	佐藤××	本件調査時に調査担当者が＊＊＊という対応をしたこと
甲3号証	「△△」と題する書面	写し	平成27年6月1日	△△△△	△△△△が、＊＊＊の意思表示をしたこと
甲4号証	写真 撮影者◆◆ 撮影対象× 撮影場所（別紙のとおり）	写し	平成28年2月1日	納税者×	本件建物の現況

※甲○号証というのは、証拠に振る通し番号です。「甲」は原告側等「乙」は被告側等です。

の際は、特にこまめに業務の記録をつけておくことが大切です。

なお、一見、自らに不利に見える証拠であっても、有利に働く場合もありますし、後から証拠が出てきたときに、かえって不利になる場合もあります。事実に関係する証拠は、積極的に提出したほうがいいでしょう。

例えば、納税者が「譲渡所得が生じたのは平成27年中である。」と主張しているのに対して、課税庁が「譲渡所得が生じたのは平成26年中である。」と主張している場合を考えてみましょう。売買契約書は作成されていませんが、売買契約の成立に争いはありません。ここで、売買代金相当額の金員が、平成26年中に買手から売手の銀行口座に振り込まれているといった事実があるとき、単純に考えると、平成27年中に譲渡所得が生じたとする納税者の主張に対して、不利に働くようにも思えます。しかし、前払いが契約条件であったなどの合理的な理由があれば、必ずしも、納税者の主張に不利に働くケースばかりではありません。

※ 様式は、裁判所のホームページにあります。
書方例 http://www.courts.go.jp/osaka/vcms_lf/03_2shoukosetumeisho_kakikata.pdf

Q1-5 「争点整理表」とは何ですか？

A

納税者と税務署双方の主張を課税要件ごとに整理して左右に対比させたものです。

平成24年7月10日以降は、税務署においても一定の事案について調査担当者が「争点整理表」を作成することとされています。

解説

1 争点整理表の活用

争点整理表あるいはそれに類するものは、裁判所や国税不服審判所の争点整理や事件審理において使われています。そして、最近では、税務署においても、いわゆる「争点整理表通達」（署課税部門における争点整理表の作成及び調査審理に関する協議・上申等に係る事務処理手続について（事務運営指針）平成24年6月27日）（TAINS H240627課総2

-21）に基づき、関係部署間の協議・上中等に係る事務処理手続として「争点整理表」を作成しています。

税務調査において、調査担当者が主張する内容が必ずしも税法の条文（課税要件）を踏まえていないことがあることを考えれば、納税者としても「争点整理表」を作成するほうが良いでしょう。「争点整理表」を作成することで、課税要件を把握して、何を主張・立証しなければならないかということが明確になりますから、納税者にとっても重要なツールとなることに間違いありません。

なお、調査担当者が争点整理表を作成していたとしても、それは署内の内部書面であり、納税者に交付されるものではありません。（※争点整理表の具体的な使い方は、Q2-10参照。）

2 争点整理表通達

争点整理表通達に定められた争点整理表作成事案の基準とは、納税者に対する調査により、処分等が見込まれる事案のうち、形式基準または実質基準に該当するものをいいます。各基準はそれぞれ次のとおりです（図表①）。

(図表①)

<table>
<tr><td rowspan="2">形式基準</td><td>次の処分等が見込まれる事案</td><td>①重加算税賦課決定
②増額更正・決定（注1）
③青色申告承認の取消し（注2）
④更正の請求（の全部または一部）に理由がない旨の通知（期限徒過を除く。）
⑤偽りその他不正な行為による6年前・7年前の事業年度への遡及
⑥調査着手後3か月超の長期仕掛事案（注3）
（注）
1　税額計算誤りなど更正・決定の起因となる誤りが明らかなものを除く。
2　2事業年度連続して期限内に申告書の提出がないことにより取り消すものを除く。
3　長期仕掛の原因が、例えば、調査着手後、納税義務者側にやむを得ない事情が生じたことにより長期間接触できないなど実質的な調査展開が図られていない事案を除く。</td></tr>
<tr><td colspan="2">上記以外の事案で、署の定める重要事案審議会の署長付議対象基準（増差所得の金額基準）に該当することが見込まれる修正申告または期限後申告対象事案</td></tr>
<tr><td>実質基準</td><td colspan="2">調査非協力等により争点に係る証拠収集が難航しているなど、課税要件事実の立証が容易でないと認められる事案や法令の解釈・適用が複雑・困難である事案など処分等の適法性の立証や判断が困難であるが、課税の均衡上、課税処分すべきと認られる調査困難事案（形式基準に該当する事案を含む。）</td></tr>
</table>

3 争点とは

情報公開請求により開示された課税庁の資料によれば、争点整理表通達における「争点」とは、調査において当局と納税者との間で見解の相違等が存する事項や、一定の処分等に係る主な非違事項（その非違事項について納税者と争いがあるか否かを問わない）をいうと定義づけられています。

留意すべきことは、課税要件に無関係なところで生じている見解の相違は「争点」とは呼ばないということです。課税の有無を判断するために争点整理表を作成するのですから、「争点」は課税要件に沿って捉えるのが基本です。例えば、相続財産を巡り相続人間で争いがある場合、「税務署が対立している相続人の提出した相続税申告書を見せてくれない。」などといった主張は、争点には当たりません。

したがって、争点整理表を作成する前に、何が課税要件なのかを整理する必要があります。そして、その上で、当事者の主張を各課税要件に分類していくことで、課税要件に無関係な主張かどうかが明確になります。

次に、争点の捉え方についてご説明します。たとえば、甲氏に譲渡所得があるかどうかで争いとなっている場合、「甲は、資産を譲渡した。」という事実は課税要件です。そして、例

(図表②)〈争点把握のレベル〉

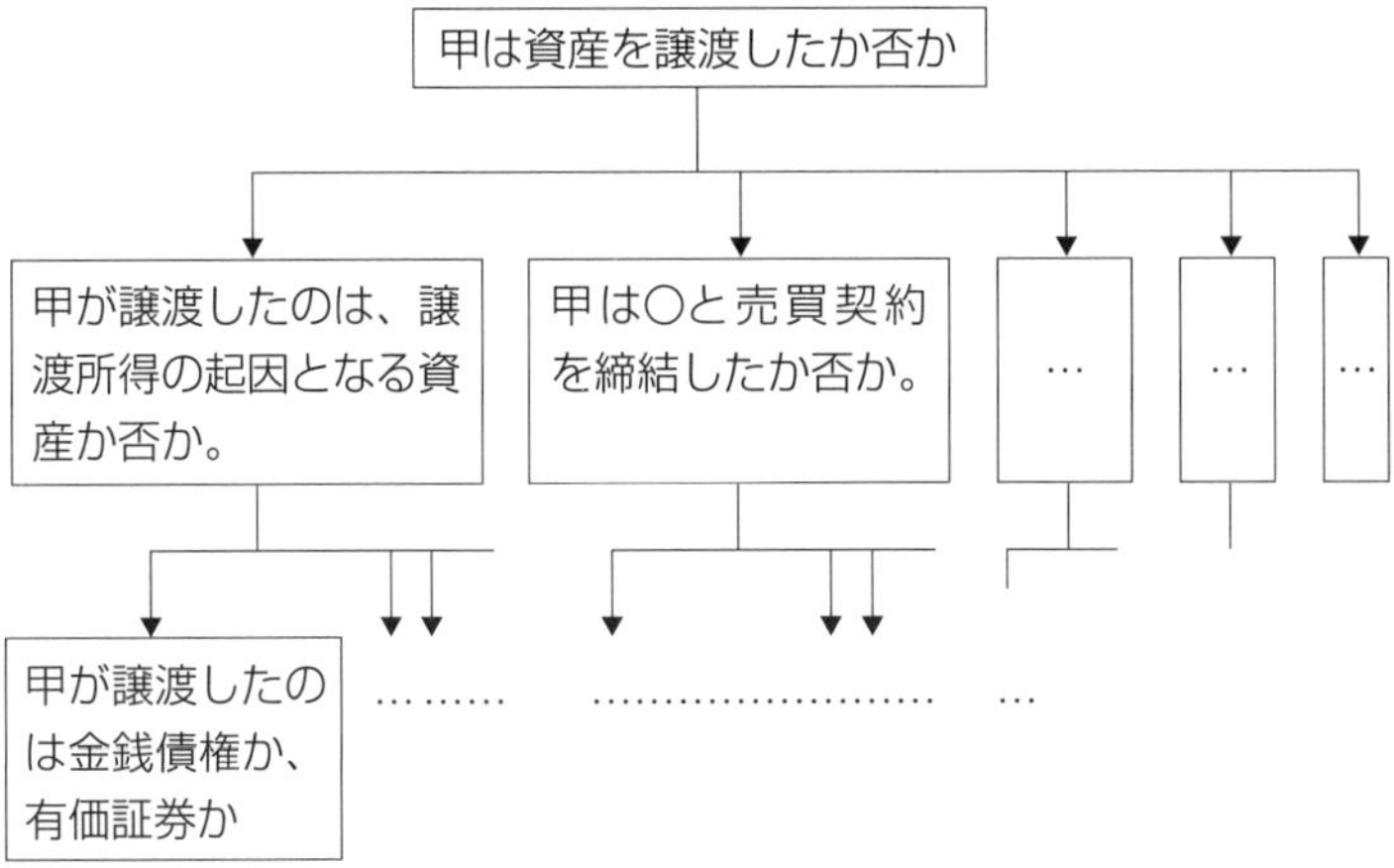

えば、所得税法第33条の譲渡所得の有無について、甲は「私は、資産を譲渡していない。」と主張し、課税庁が「甲は、資産を譲渡した。」と主張すれば、「甲は資産を譲渡したか否か」が争点となります。どのポイントでの主張の食い違いを捉えるのか、つまり「争点」のレベルはいくつか考えられるということです(図表②)。

前記の例でいいますと、甲が「私が譲渡したのは譲渡所得の起因となる資産に当たらない。」などと主張し、課税庁が「甲が譲渡したのは譲渡所得の起因となる資産である。」というところが唯一の主張の食い違いなら、「甲が譲渡したのは譲渡所得の起因となる資産か否か。」といった争点で捉えられることもあります。あるいは、甲が「私が譲渡したのは金銭債権である(譲渡所得の起因となる資産に該当しない)。」

と主張し、課税庁が「甲が譲渡したのは有価証券である（譲渡所得の起因となる資産に該当する）。」と主張し、その点のみが当事者の主張の食い違いだという場合には、「甲が譲渡したのは、金銭債権か有価証券か。」などと争点を捉える場合もあります。

同様に、別の角度から、甲が「私は○と売買契約を締結していない。」と主張し、課税庁が「甲は○と売買契約を締結した。」というところに主張の食い違いが生じているのなら、「甲は○と売買契約を締結したか否か。」を争点として捉えることもあるでしょう。

4 争点整理表

課税庁が使用している「争点整理表通達」に基づく「争点整理表」の様式は巻末資料Aのとおりですが、その様式は「標準様式であり、各事務系統において、目的、性質を変えない範囲で内容を変更することは差し支えない。」とされています。たとえば、大阪国税局の法人課税課の研修資料には、巻末資料Bの様式が添付されています。これらの様式からは、課税処分をする立場として、組織内で審理をするための工夫が見て取れます。

しかし、争点整理表は、課税する側のためだけのものではありません。納税者の立場からも、争点を明らかにして、課税要件に沿った主張を展開するためのツールとして使用することができます。そして、その基本となる考え方は**Q1-1**で解説した「法的三段論法」です。

また、課税庁の「争点整理表」の様式には、「事実関係時系列表」も付属しています。時系列で事実関係を把握することは重要ですので、あわせて活用すると良いでしょう。

なお、具体的な争点整理表の活用法についてはQ2-10にて解説します。

〈参考〉争点整理表の作成における基本的作業

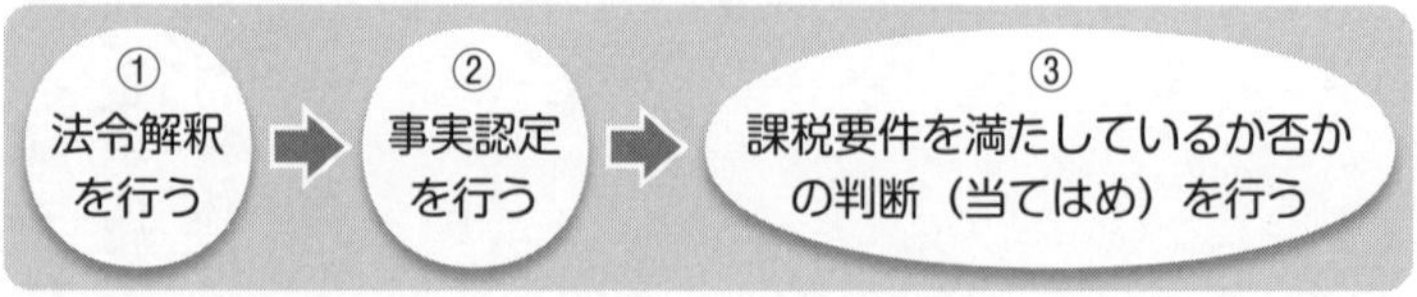

〈参考〉争点整理表作成のイメージ（大阪国税局法人課税課の研修資料）

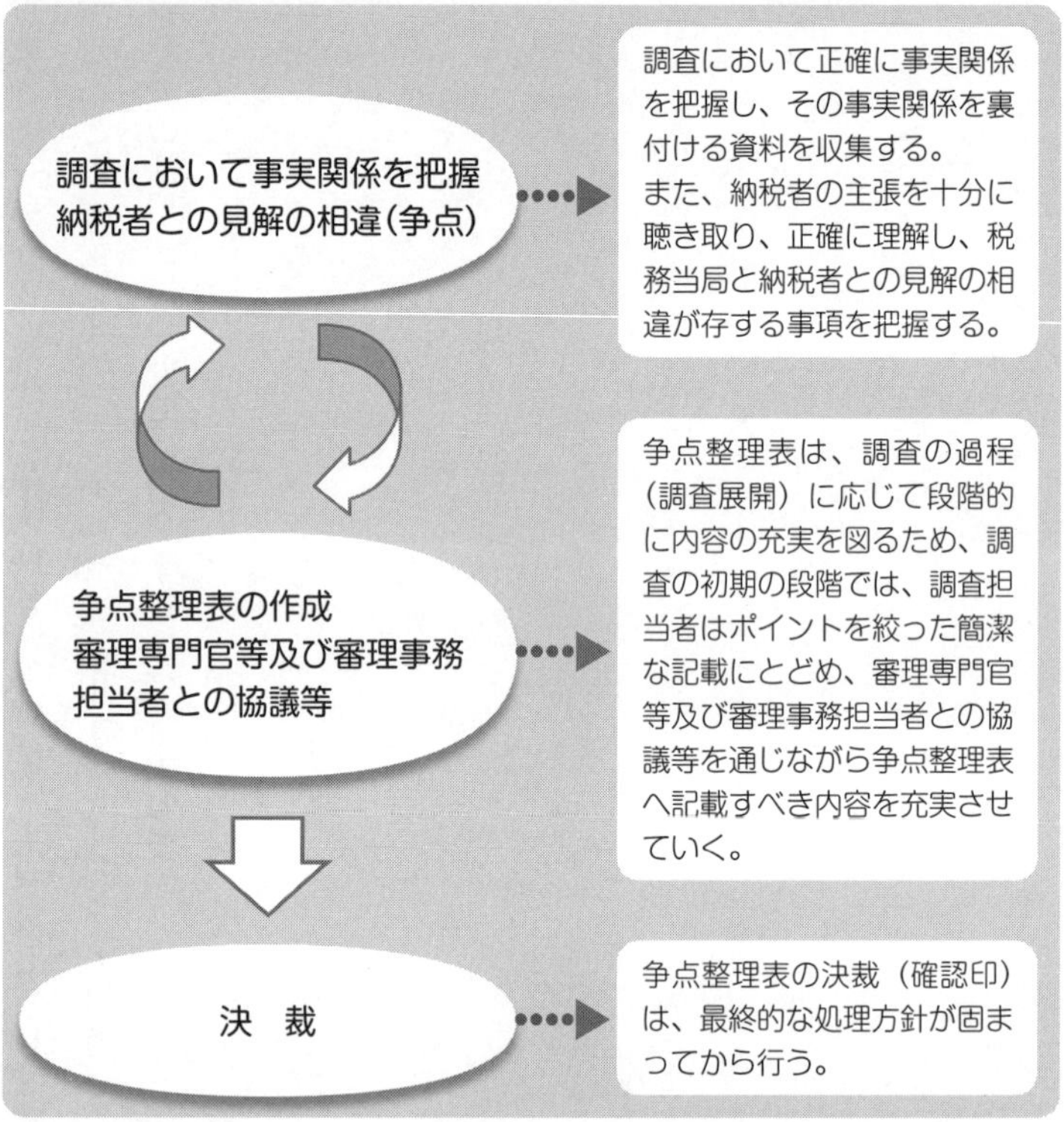

引用：「情報　課税処分に当たっての留意点　平成25年４月　大阪国税局　法人課税課」
【TAINS H250400課税処分留意点】＞「Ⅰ　争点整理表作成のポイント」

II

事例の活用

Q2-1 事例を探すためのデータベースや資料にはどのようなものがありますか？

A

主なものとしては、以下のとおりです。税理士は、一般的にＴＡＩＮＳ（タインズ：日税連税法データベース）を使っています。また、裁決だけであれば国税不服審判所のウェブサイトが無料で利用できます。

解説

1 無料のデータベース

(1) 国税不服審判所の裁決要旨検索システム（図①）

裁決事例のみです。また、本文が掲載されているもの（公表裁決）は一部で、多くは要旨のみ（非公表裁決）です。

「争点番号検索」は、税法別に争点番号が表示されますから、該当する争点番号を選択（複数選択可能）する方法で検索します。「キーワード検索」は、任意のキーワードを入力して検索します。

いずれの検索方法についても、裁決結果（取消し、棄却、却下等）、裁決期間、裁決支部によって結果を絞ることができます。

(2) 税務大学校の税務訴訟資料（図②）

税務大学校のホームページには、「税務訴訟資料」が掲載されています。「税務訴訟資料」は、租税関係行政・民事事件裁判例のうち国税に関する裁判例を収録したものです。「課税関係判決」と「徴収関係判決」に分かれており、年度ごとに「税務訴訟資料」掲載の判決を読むことができます。検索機能はついていません。

(3) 裁判所の裁判例情報（図③）

裁判所のホームページの裁判例情報（※）は、全ての判決等が掲載されているわけではありませんが、検索機能がついています。

検索システムのトップページは、６種類の判例集を横断的に検索することができますが、通常の税務訴訟での地裁や高裁判決は、「行政事件裁判例集」で検索するとよいでしょう。最高裁の判決は、二つ目のタブ「最高裁判所判例集」にあります。

(図①)

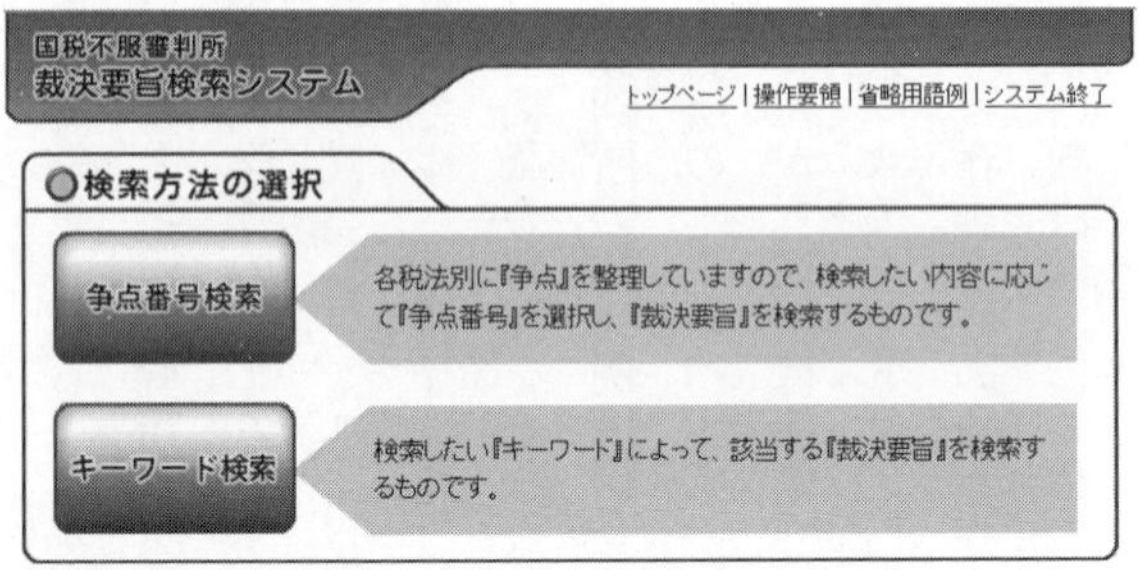

http://www.kfs.go.jp/cgi-bin/sysrch/prj/web/
国税不服審判所のホームページ＞メニュー「裁決要旨の検索」から

(図②)

↑
税務訴訟資料

(図③)

タブ

http://www.courts.go.jp/app/hanrei_jp/search5
裁判所のホームページ＞裁判例情報＞「行政事件裁判例集」のタブをクリック

※　1．最高裁判所判例集
　　2．高等裁判所判例集
　　3．下級裁判所判例集
　　4．行政事件裁判例集
　　5．労働事件裁判例集
　　6．知的財産裁判例集

2 有料のデータベース

(1) TAINS（タインズ：日税連税法データベース）（図④）

TAINSへ入会することによって利用できるようになります。税理士と税理士会の支部等は賛助会員として入会できますが、税理士法人としては入会できません。税理士以外の人は、特別会員として登録することができます。

会費（利用料）は、一般会員は、月額2000円、特別会員は、月額3000円（どちらも消費税込）です。

TAINSには、税務に関する判決・裁決・通達・事例、さらに情報公開法に基づき開示された非公開裁決や課税庁の研修資料などが収録されています。判決や裁決については、要旨が付いています。

(2) LEX／DBインターネット（レックス・ディービーインターネット）（図⑤）

税法分野にかかわらず、明治8年の大審院の判例から現在までの判例、国税不服審判所の裁決などが収録されています。判例要旨も付いています。

利用料金は、利用するコンテンツ内容によって異なります。

(3) D1-Law・com（第一法規法情報総合データベース）（図⑥）

現行法規（過去の改正も確認可能）、判例体系（判例検索）、法律判例文献（法関連文献、判例書誌情報）等の総合的なデータベースです。税法の分野だけではありません。
利用料金は、契約内容によります。

(4) 判例秘書（http://www.hanreihisho.com/hhi/）

収録範囲は、税法の分野だけではありません。また、主要な判例紹介誌（「判例タイムズ」「金融法務事情」「金融・商事判例」「労働判例」）の解説も収録されています。弁護士が一般的に利用するデータベースです。

Word【大審院】（だいしんいん）

旧憲法下の最高司法裁判所で、現在の最高裁判所の前身とされます。１８７５年（明治８年）設置、１９４７年（昭和22年）廃止。変更されていない大審院の判決は、現在でも判例として取り扱われます。

(図④)

http://www.tains.org/

(図⑤)

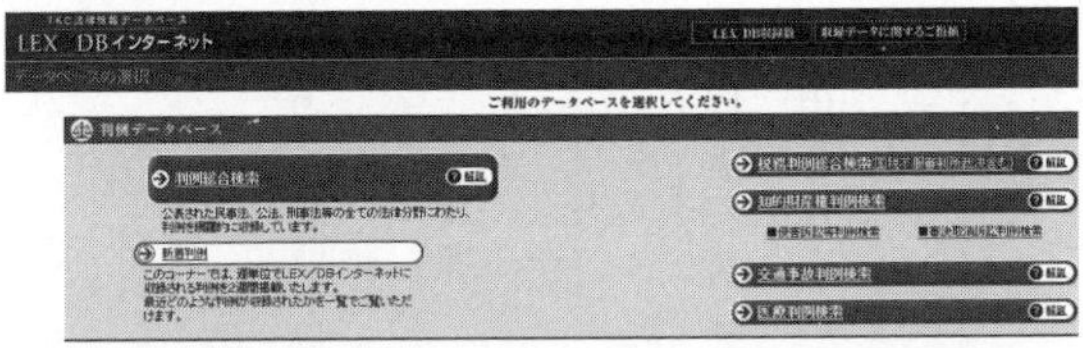

https://lex.lawlibrary.jp/index.html

(図⑥)

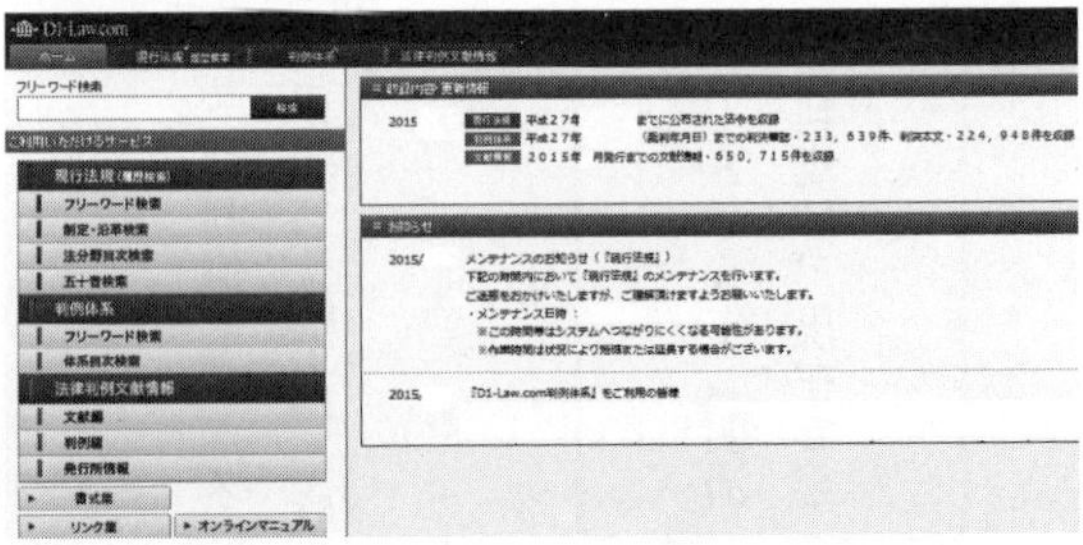

3 主要な判例集等

判例集には、公式なものとそれ以外のもの（商業出版物等）があります。

(1) 主な公的刊行物および官庁刊行物

名称	略称	出版社等
行政事件裁判例集	行集（行裁例集）	法曹会
最高裁判所裁判集民事	裁判集民	――
最高裁判所民事判例集	民集	判例調査会
訟務月報	訟月	法務省訟務局
税務訴訟資料	税資	国税庁
家庭裁判月報	家月（家裁月報）	最高裁判所事務総局家庭局

(2) 主な私的刊行物

名称	略称	出版社等
判例時報	判時	判例時報社
判例タイムズ	判タ	判例タイムズ社
重要判例解説	重判解	ジュリスト臨時増刊

コラム 法解釈の調べ方

税法に明文規定がない実務の取扱いの多くは、過去の判決や裁決の蓄積により法解釈として定着したものです。そして、通常、そういった法解釈は、通達や質疑応答事例などに反映されています。

目の前の事案に、どのような法解釈がふさわしいのか、先例が示している法解釈は使えるのか。そういったことを検討する際には、質疑応答事例などを適宜併用すると良いでしょう。

例えば、「税Navi」(http://www.qa-seibunsha.jp/info.php?type=service) は、主要な税目の税務問題集に収録された内容がデータベース化されており、複数税目について横断的に、最新の質疑応答を入手することができます。

Q2-2 契約書に押印しましたが、その契約は存在しません。そのような主張は認められますか？

A

契約書の存在は認めるが、そもそも契約を締結していないという主張でしょうか。法律行為そのものが無効（あるいは解除または取消し）という主張なのでしょうか。「契約が存在しない」ことについては、複数の概念がありますので、まず、主張を整理しましょう。

解説

1 契約書の重要性

当事者間で契約の存否を巡って争いとなった場合には、「契約書」の存在が重要だというのは、みなさんご存知のとおりです。

金銭消費貸借契約書、遺言書、判決原本などの一定の法律行為が記載された文書は、法的には「処分証書」と呼ばれます。そして、処分証書については、成立に争いがない（偽造されたものだなどとして争っていない）ときは、裁判所や審判所は、通常、その文書の記載内容どおりの認定をすることになります。ですから、「契約書」があることは重要なのです。

もちろん、契約書がなくとも当事者の意思表示が合致していれば契約は成立します。しかし、当事者の意思表示の合致があったかを認定することは、そう簡単な話ではありません（図①）。このような場合に、契約書があれば、客観的に法律関係の存在を証明することができるということです。

2 押印のある契約書の意味

さらに、押印がされている契約書について、法律は、特別の効果を与えています。「私文書は、本人又はその代理人の署名又は押印があるときは、真正に成立したものと推定する。」と規定されているのです（民事訴訟法228④）。

「推定する」とは、特別な事情がないかぎりは、そのように取り扱うという意味です。「真正に成立」とは、その文書が偽造ではないという意味です。したがって、〝契約書に本人の署名又は押印があるときは、特別の事情がない限りは、その契約書は本物として扱う〟ということを法律が、規定しているということです。

また、判例上、文書中に本人の印鑑の印影がある場合、その印影は本人の意思に基づいて押印されたものと推定されるとされています。したがって、契約書に本人の印鑑（三文判含む）の印影がある場合には、その押印は本人の意思に基づくと推定される。つまり、特別の事情がない限り、本人の意思により押印したと推定されることになります。

なお、前者と後者の推定を合わせて、二段の推定と呼ばれ、前者は二段階目の推定、後者の推定は一段階目の推定と呼ばれています（図②）。

以上のような理屈から、契約書に本人の押印があれば、特別（特段）の事情がない限りは、その契約書に記載されたとおりに当事者間の合意があったと認められることになります。したがって、契約書に記載された内容に反する事実を認めてもらうためには、特段の事情を主張していかねばなりません。

具体的には、一段階目の推定に関する特段の事情としては、当時、印鑑を紛失していた、第三者が印鑑を持っていた、印鑑の保管場所は第三者も知っており、簡単にその印鑑を使用できる状況にあった、などの事情があります。また、二段階目の推定に関しては、押印した当時には契約書が白紙であったことや押印後に改ざんされたことなどが考えられます。

（図①）

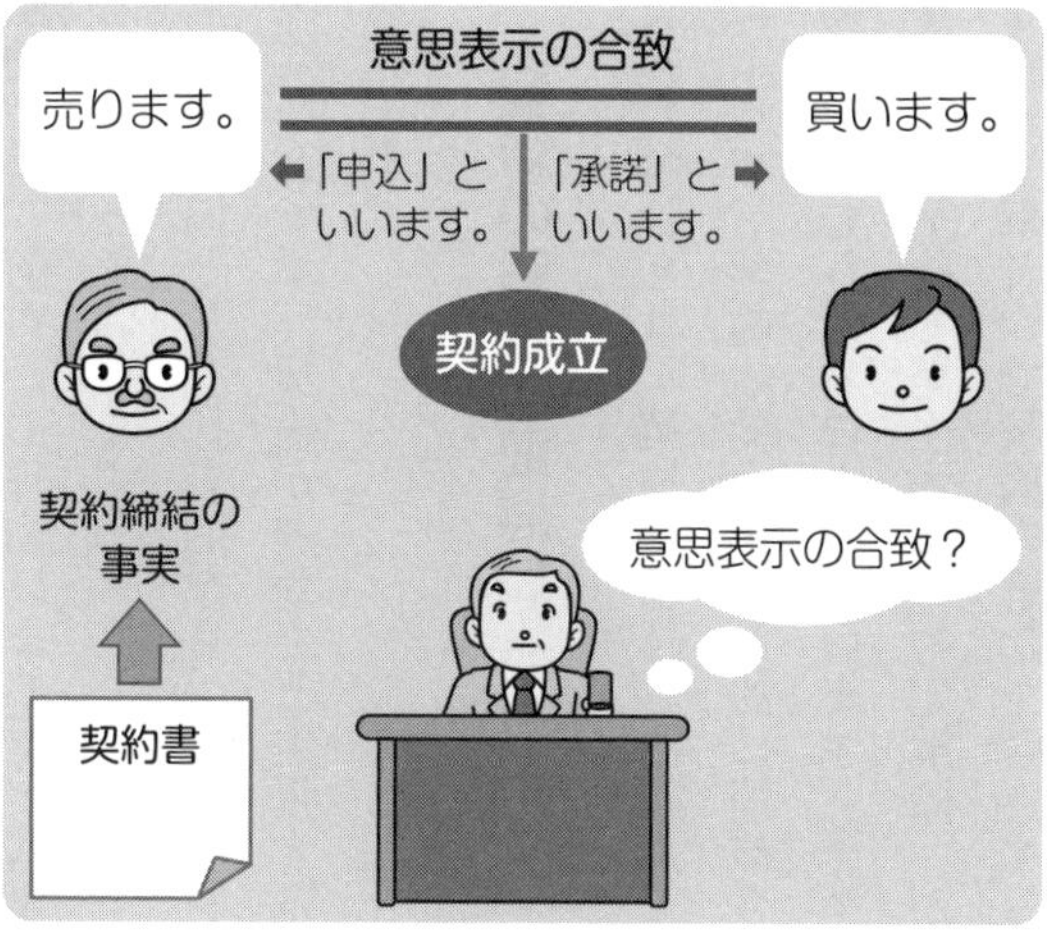
意思表示の合致
売ります。
買います。
「申込」といいます。
「承諾」といいます。
契約成立
契約締結の事実
意思表示の合致？
契約書

（図②）

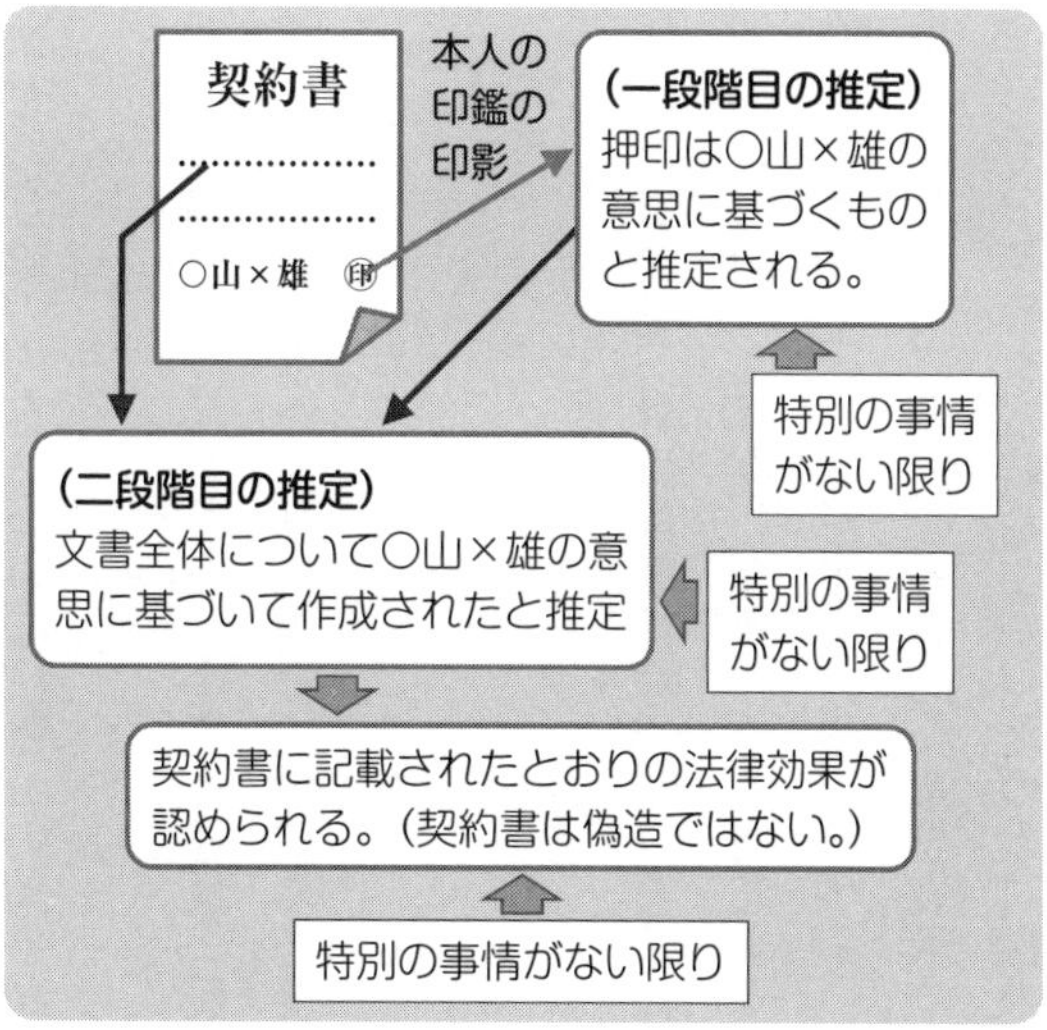
契約書
○山×雄 ㊞
本人の印鑑の印影
（一段階目の推定）
押印は○山×雄の意思に基づくものと推定される。
特別の事情がない限り
（二段階目の推定）
文書全体について○山×雄の意思に基づいて作成されたと推定
特別の事情がない限り
契約書に記載されたとおりの法律効果が認められる。（契約書は偽造ではない。）
特別の事情がない限り

3 契約の無効（図③）

無効とは、何らかの理由によって、当事者が表示した意思の内容について法律上の効果が生じないことをいいます。

無効の原因として代表的なものは、錯誤（民法95）、虚偽表示（民法94）、公序良俗違反（民法90）などです。契約が無効だと主張するのであれば、このような無効原因を主張する必要があります。

4 契約の解除、取消し（図④）

契約の解除とは、契約を締結した時点では完全に有効ですが、契約当事者の一方の意思表示によって、契約の効力を遡及的に消滅させ、契約がはじめから存在しなかったと同じような効果を生じさせることをいいます。解除には、法律の規定によって発生する「法定解除」と、当事者間の契約で発生する「約定解除」があります。なお、当事者間の一方的な意思表示ではなく、当事者間で契約の解除を合意することによって、契約を締結しなかったのと同様の効果を生じさせるという「合意解除」もあります。

（図③）

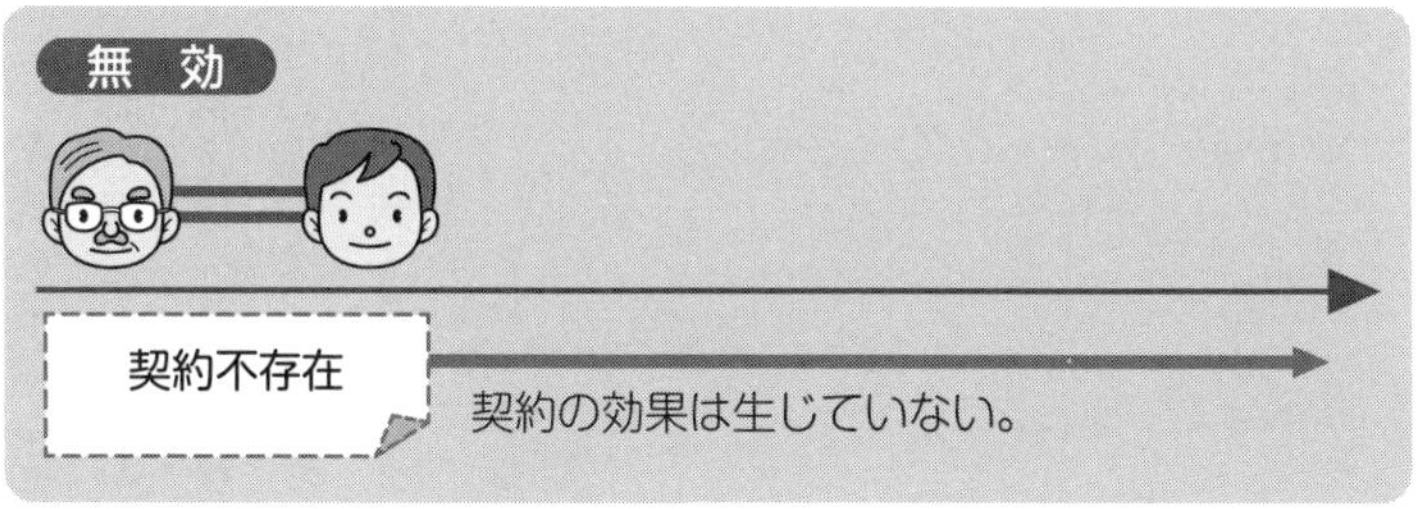
無　効
契約不存在
契約の効果は生じていない。

（図④）

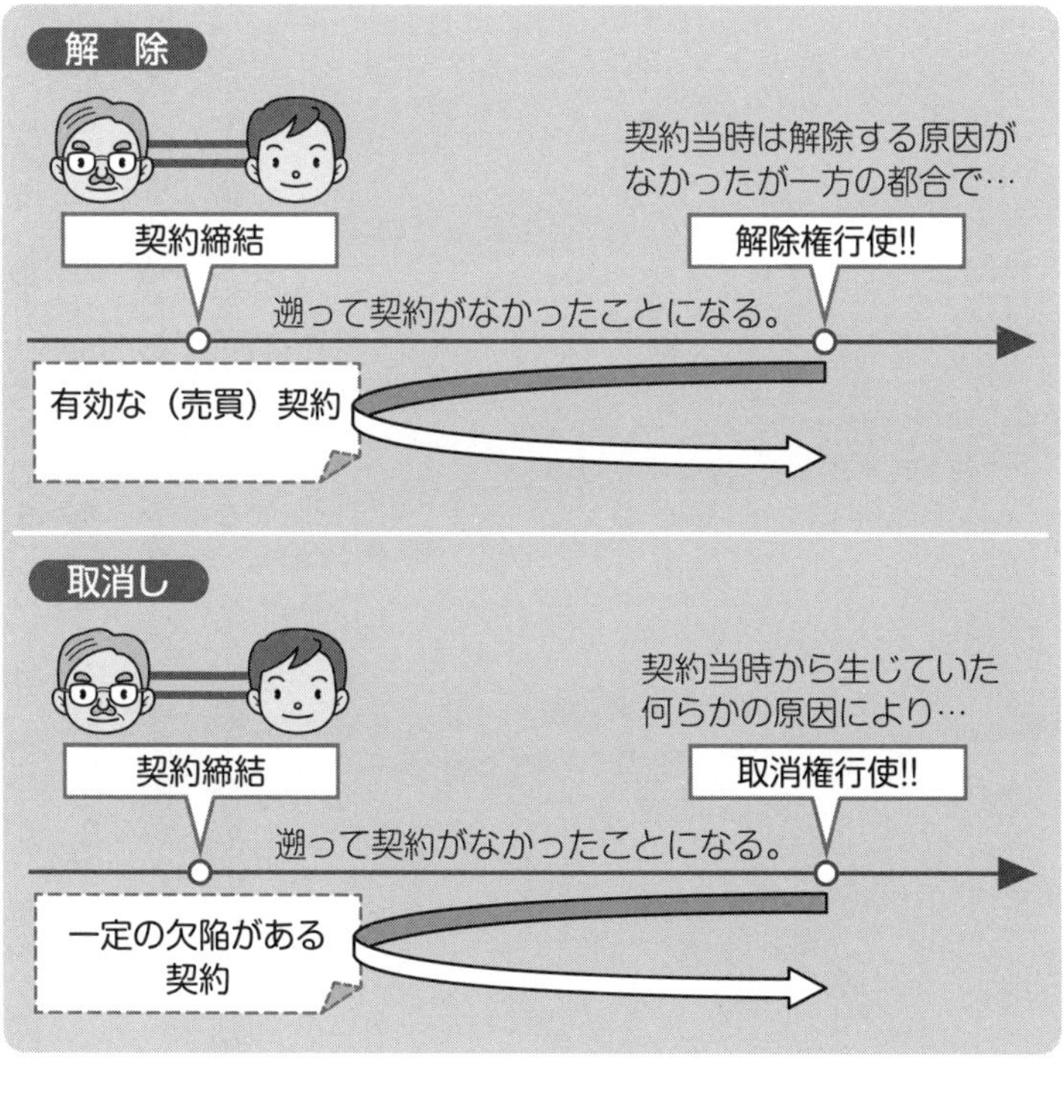
解　除
契約当時は解除する原因がなかったが一方の都合で…
契約締結
解除権行使!!
遡って契約がなかったことになる。
有効な（売買）契約
取消し
契約当時から生じていた何らかの原因により…
契約締結
取消権行使!!
遡って契約がなかったことになる。
一定の欠陥がある契約

次に、契約の取消しとは、契約は一応有効（取り消されるまでは有効）ですが、契約を締結した時点でなんらかの瑕疵があるために、契約の効力を当初に遡って失わせることをいいます。例えば、詐欺や脅迫（民法96）、成年後見人などの当事者には、取消権があります。無効との違いは、一定の取消権者でないと取消しを主張できないこと、および取消権は時効によって消滅するということです。

Q2-3 2つの契約書のうちの一方が真実ですが、その主張は認められるでしょうか?

A

主張が認められるかどうかは、売買契約書の作成の経緯、作成前後の状況、関係者の申述、金銭の動き等、様々な事実から判断されます。事例を参考にポイントを解説します。

解説

1 事実関係および当事者の主張

納税者は、第三者に土地を譲渡しましたが、納税者の押印のある売買契約書が2種類存在しており、譲渡代金について、それぞれ2500万円と4500万円の異なる金額が記載されています。

納税者の主張は、土地を2500万円で譲渡したというものです。それに対して、調査担当者は、売買契約の交渉に関与した者(G)が税務署に提出した「売買契約書2」に記載の

4500万円が譲渡対価であると主張しています（図）。

調査担当者の主張理由は、近隣の土地の売買実例によると2500万円は低すぎるということおよび、本件の取引には、2種類の売買契約書が存在し、納税者はそれら全てに自ら署名押印していること、さらに、交渉に関与したGが譲渡代金は4500万円だと申述していること等です。

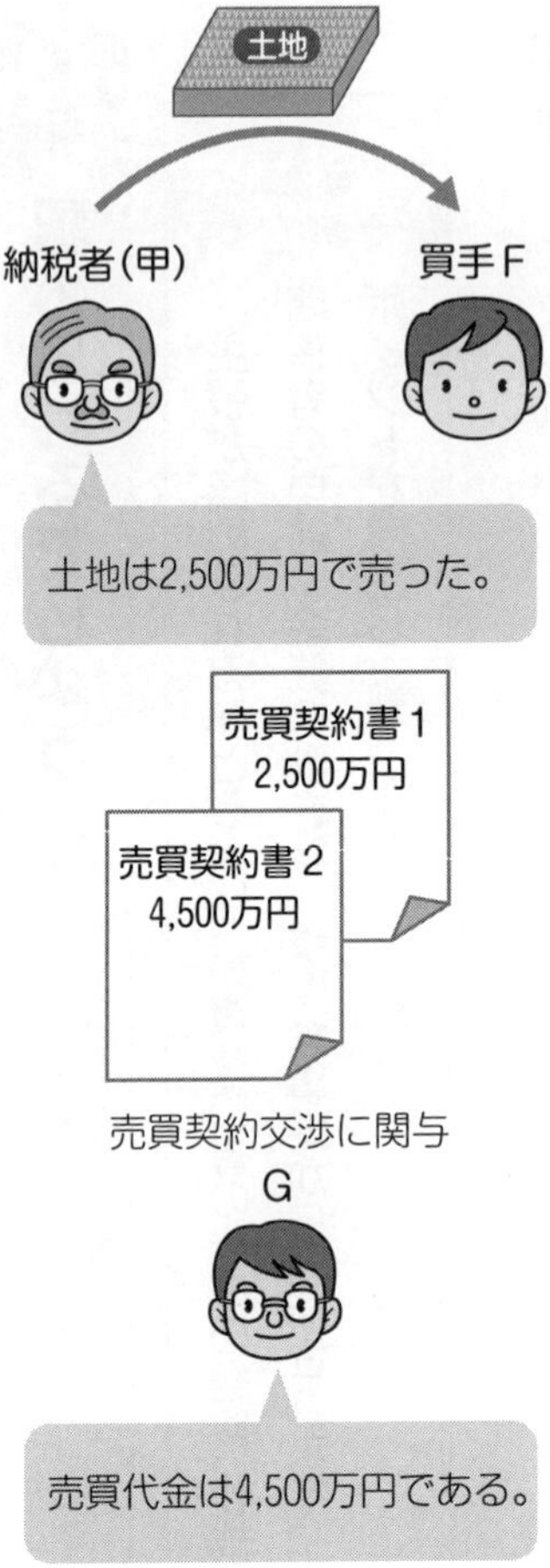

2 原処分庁に対する反論

上記のケースのような場合、まず、調査担当者は、近隣の土地の売買実例に照らすと2500万円という価額が低すぎると主張していますので、納税者側としては、これについて反論等する必要があります。例えば、売り急ぎの事情があれば、売買実例よりも低く譲渡することは特段不合理なことではないでしょう。そういった事情を説明すればよいということです。

次に、2種類の売買契約書に自ら署名押印した理由も説明する必要があります。契約書を2通作成するといったことは、通常、行わないことです。売買契約書の作成経緯等と合わせて、契約書を2通作成して署名押印したことについて、合理性のある理由を説明する必要があります。

このような事情説明をする際に注意することは、口頭での説明で済ましてしまうと、本当に伝えたいことが正しく伝わらず、税務署内で十分な検討が行われないといったリスクがあるということです。可能であれば、このような特殊事情の説明については、書面（例えば「説明書」などと題するといいでしょう。）に事情を記載して調査担当者に提出したほうがいいでしょう。

書面を提出すれば、課税処分が検討される際に、調査担当者だけでなくその上司も目にすることになりますから、より慎重な対応を期待することができます。

（例）

「説明書」

(1)　本件の土地が近隣の売買実例価額よりも低いことについて

本件の土地は、平成○年○月○日、私が代表取締役であったN社から代物弁済によって取得したもので、その代物弁済の基となる債権額は1200万円であった。すなわち、2500万円で売却しても利益が出たのである。

私は、数年前に本業から撤退して複数の土地を貸し付けることによる賃料収入が現在の収入の柱となっている。そして、売却先のFに対しても、今回売却した土地とは別の土地を貸し付けて賃料収入を受領しているところである。今回、土地をFに売却するにあたり、Fの経営状況が厳しいとの噂を交渉に関与したGから聞いたため、土地代金の支払がFの経営を圧迫するよりは、Fから安定した賃料収入が得られる方が良いと考えて売却代金を低めに設定した。

(2) 2通りの契約書の作成経緯について
売買契約書2(売買価額4500万円のもの)については、売買代金の最終決済を行った日以降である平成○年○月△日頃に、Gから銀行に提出するために協力してほしいと依頼されて、Gと私だけで私の自宅で作成して署名押印したものである。

売買契約書1(売買価額2500万円)を作成したのは、平成○年○月×日、g司法書士の事務所においてである。その際、同席していたのは、e、gおよびその父であった。
(3) 代金の決済状況について
平成○年○月×日に契約書を取り交わした際に、Gから現金2500万円を受領して領収証を交付した。
(4) ・・・・について
・・・・・

3 関係者に協力を依頼する

売買契約書2が買い手Fの言うとおり銀行提出用だったのかどうかは、納税者としては調べようがないと思われます。

しかし、譲渡先等の関係者に協力をお願いできるのであれば、関係者の作成した書面を税務署に提出することも検討してみましょう。

（例）買い手の説明

〇〇の売買契約について

×××所在の土地は、私が△氏（納税者）から購入したもので、その価額は２５００万円でした。代金は〇年〇月〇日にＧの指定する銀行口座に振り込みました。

なお、Ｇが銀行用に別の売買契約書を作成したという話はＧから聞きましたが、その詳細は知りません。

〇年×月×日

住所・・・

Ｆ　　印

（参考事例／平成９年11月28日裁決 裁決事例集№54・180頁）

＊参考事例とは事実関係が多少異なります。

Q2-4 契約書がなくても主張は認めてもらえますか？

A 主張が認められるかどうかは、事情によります。納税者の主張が認められた事例を見てみましょう。

解説

1 事例の概要等

この事例は、病院を経営している事業主（請求人）が同族会社A社から借りている設備の使用料の必要経費算入が否認されたものです。否認された使用料に係る「設備」とは、病院職員の寮等で使用しているA社の所有する家具等でした。

請求人の主張は、設備の使用料として月80万円（後に100万円に増額）をA社に支払っており、寮の各部屋の設備を包括的にA社から借りているのであり、その対象物は、経常的に廃棄や補充等がされることから、契約書等を作成していなかったというものです。

なお、請求人は、A社との間で交わしたとする「覚書」を調査の際に提出しており、それには、賃貸の対象としてテレビ３００台、家具5点セット50組などと記載されています。

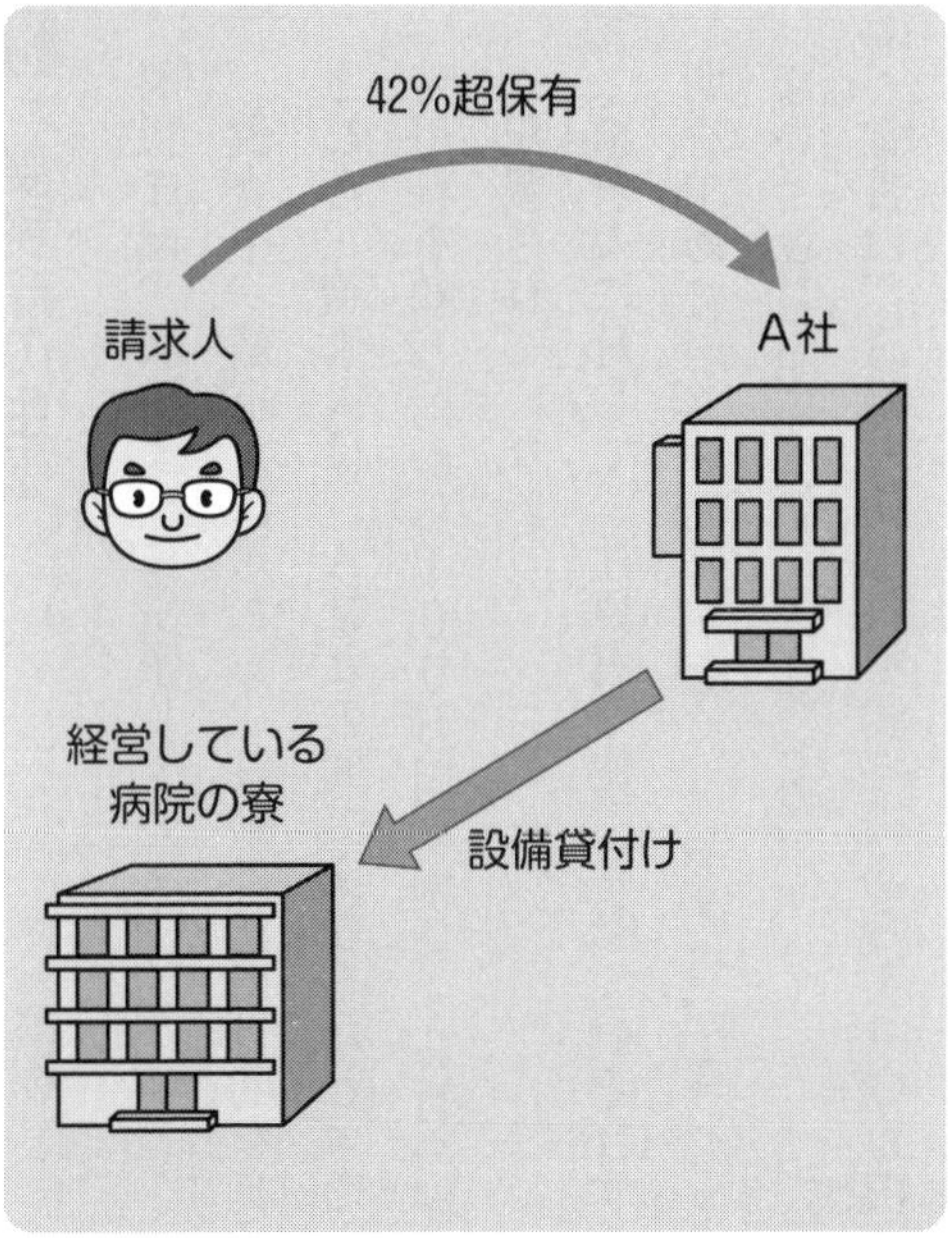

2 課税庁の主張

課税庁は、次のように主張しています。

① 調査中、請求人に対して、設備の使用目的を具体的に示す資料を提示するように求めたところ、請求人は、A社との間で交わしたとする「覚書」を提出したが、これには、設備使用料を80万円から100万円に増額する旨の記載があるだけで、「覚書」には、作成日も記載されていない。

② 請求人に対して、社員寮で使用されているとする設備についての具体的な設置状況の説明を求めているが回答がなく、「契約書がないことをもって経費にならないのは納得できない。」旨主張するのみであった。

③ 覚書は、設備の使用料を80万円から100万円に増額する趣旨の内容であり、設備使用料に関する具体的な契約内容を示すものではない。

④ 請求人は、設備使用料とは別に、社員寮等の施設の維持・管理に係る費用を別途支出して必要経費に算入している。

3 参考事例の結論

請求人は、審判所に次のような証拠を提出しています。

・A社の元帳の写し
・A社が賃貸の対象物を購入した際の請求書および領収証等
・A社の固定資産台帳兼減価償却明細および「貸与物品一覧表」

そして、審判所が請求人の従業員寮等を調査したところ、「貸与物品一覧表」に記載された物品で明らかに請求人が使用していると認められるものが少なからず発見されました。そのようなことから、本件覚書により請求人とA社との間でA社が所有する物品について、有償での賃貸が行われてきたと推認できるとしました。

結論としては、本件の設備使用料は、A社の所有する物品の貸借に係る対価として必要経費に算入することが認められました。

（ポイント）

覚書には、「テレビ300台、家具5点セット50組」と記載されていましたが、請求人の主張によれば、A社から社員寮の設備を包括的に借りているということですから、覚書に記載されたとおりの設備が揃っていなくても、直ちに必要経費算入が認められないということにはなりません。請求人が事業で使用している物品が存在し、それがA社の所有であり、A社から請求人に有償で貸借されているのかを示すことができれば良いのです。

（参考事例／平成17年4月25日裁決【TAINS F0－1－259】）

コラム 「契約」の成否

契約の成立に必要なことは、原則として契約を成立させる目的をもった意思表示の合致だけであって、「契約書」は必須ではありません。つまり、契約書が存在していなくとも、口約束によっても契約は成立するということです。

《契約（合意）の成立》

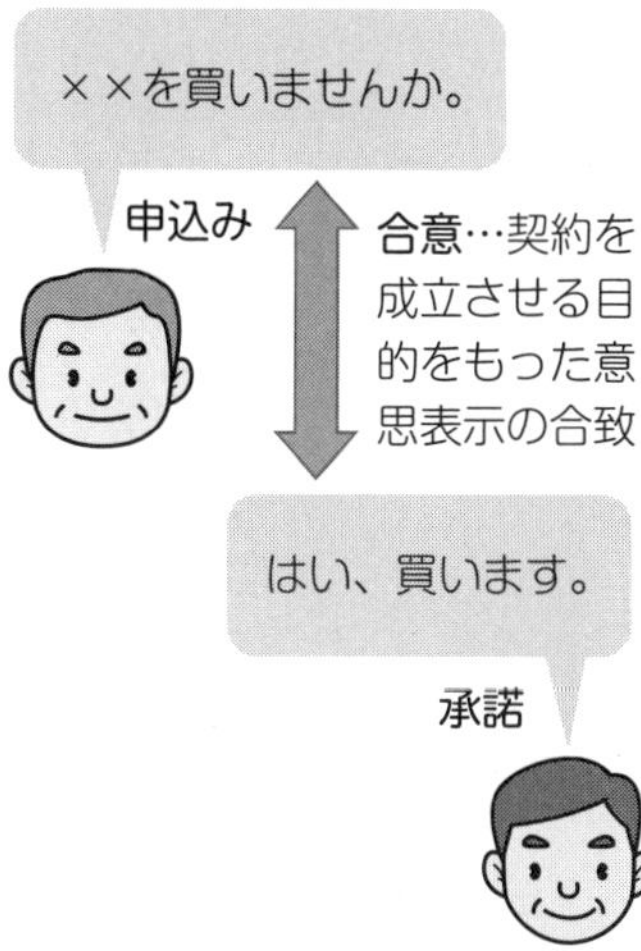
××を買いませんか。
申込み
合意…契約を成立させる目的をもった意思表示の合致
はい、買います。
承諾

もっとも、契約書が重要でないというわけではありません。契約の成否をめぐって争いになった場合、「契約が成立している」と主張する側が、契約を成立させようとする意思表示の合致があったことを証明せねばなりませんが、契約書がない場合にそれを証明するのはかなり難しいといえるからです。

Q2-5 契約を仮装したと指摘されました。そんなつもりはなかったのですが、修正申告すべきでしょうか？

A 真実の合意内容がどういうものだったのか、事実関係を整理しましょう。契約仮装の事実は、重加算税の賦課要件ですから慎重に判断する必要があります。

解説

1 ポイントと事例の概要等

この事例は、請求人が調査担当者の指摘に従って修正申告をしたところ、重加算税が賦課されたため、その重加算税の取消しを求める審査請求がされたものです。審判所では、納税者の当初申告の前提となった事実関係が認められて、重加算税は取り消されています。要するに、請求人は、誤って修正申告をしてしまったということになります。

具体的にいいますと、納税者は、土地建物を総額1・5億円で購入しましたが、その際に、代金の総額を売買契約（1億円）と業務委託手数料（0・5億円）に分割する形で契約書が作成されていました。納税者は、消費税の当初申告では、契約書に従い1億円を土地建物に按分し建物に係る部分を消費税の課税仕入れとし、業務委託手数料は全額課税仕入れとしました。このような申告について、調査担当者は、総額の1・5億円を土地建物に按分すべきであり、仕入控除税額が過大となっているために修正申告すべきであると指摘したのです。

審判所は、本件の契約に至った主な経緯を、次のように認定しました（図参照）。

① 売手は、1億円の債務弁済のために土地建物を任意売却する必要があった。

② 売手側から依頼を受けた不動産会社A社は、買手を探すとともに債務弁済額の交渉等を行った。

③ A社から情報を得たB社は、納税者側の仲介業者Cに本件土地建物の情報を提供し、図面の閲覧、売買契約書の作成等を行った。

④ Cから情報を得た納税者は、予算の1・5億円以内だったので、土地建物の購入申込書に1・5億と記載して記名押印した。

⑤ 納税者は取引の条件として、総額1・5億円のうち、本件土地建物の売買代金として1億を支払い、残りは業務委託手数料という形でA社とB社に支払うことを求められたため、それを了承した。

〈図〉

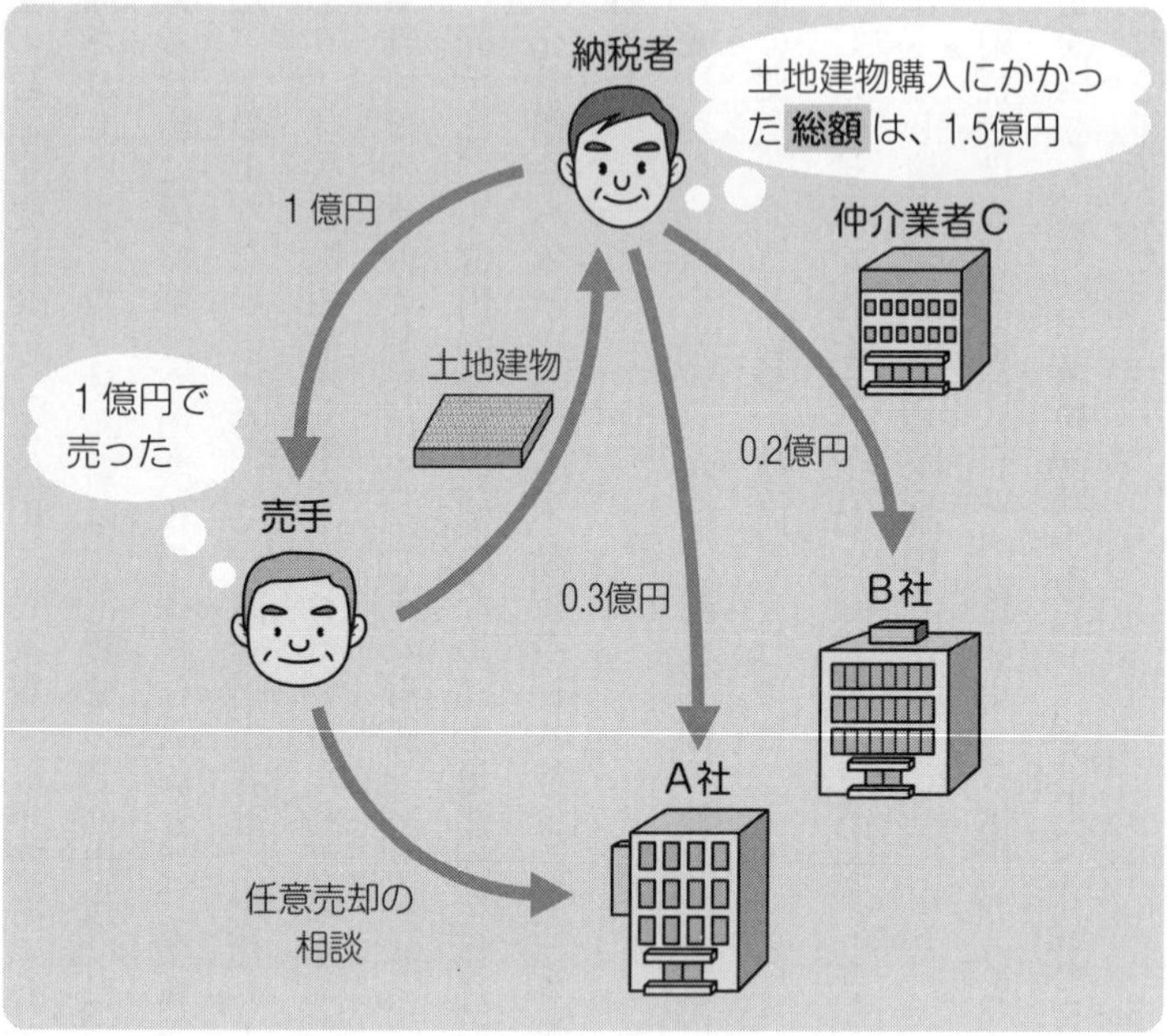
納税者
土地建物購入にかかった総額は、1.5億円
1億円
仲介業者C
土地建物
1億円で売った
0.2億円
売手
0.3億円
B社
A社
任意売却の相談

2 納税者および関係者の意思

納税者としては、不動産を総額1・5億円で入手できれば、その内訳にはさほどの関心がありませんでした。

そもそも、売買契約書には1億円と記載されているのですから、特段の事情がない限りは、土地建物購入価額は1億円ということになります。

また、調査担当者は、購入価額が1・5億円だと主張しますが、ここで重要なことは、当事者の合意内容です。売手側は1・5億円で売却するつもりだったのでしょうか。必要に応じて、関係者に協力を求めるのも一法です。具体的には、売手側がいくらで売却したと考えているのか、実際にいくら受領しているのか、A社とB社は業務委託手数料を実際に受領しているのか、また、A社とB社は実際に役務を提供したのかといった事実に関する証拠があれば、調査担当者に示しましょう。A社、B社の業務委託契約の内容に関する説明書を提出すると役に立つかもしれません。

（「説明書」の例）

業務委託契約について

当社は、○年○月○日、本件不動産について、買主である甲社（納税者）より3000万円を業務委託手数料として受領しております。当社が甲社に提供した役務は、業務委託契約書のとおり、・・・、・・・・、・・・・に相違ありません。

○年×月×日

・・・・

株式会社A社

代表取締役　・・・・　印

3 参考事例について

参考事例の納税者は、「不動産Xの売買価格は総額1・5億円です。私は、A社の要請に従い、A社とB社に対して売買価格1・5億円を形式的に分割して支払ったものの、あくまでも買主および売主の間で合意した本物件の売買価格は1・5億円です。」といった内容の文書を調査担当者に提出しています。調査担当者が、重加算税を賦課するために納税者に求めたものなのでしょう。

この文書について、審判所は、「全体としてみると、『1・5億円』は本件不動産の売買価額であるのか請求人の支払総額であるのか判然とせず」と述べて、原処分庁の主張を排斥しています。

なお、審査請求の対象となったのは、重加算税の賦課決定処分だけですから（本税についいては修正申告で確定している。）、売買契約書どおりの事実が認められたとしても、本税（修正申告）が取り消されるわけではありません。調査担当者の指摘が正しいのかどうかは、冷静に判断する必要があります。

（参考事例／平成25年11月13日裁決）＊参考事例とは事実関係が多少異なります。

Q 2-6

契約書があるのに、業務委託費の必要経費算入は認められないと言われました。どのように反論すればいいですか？

A

事例を参考に、どのような証拠をもって反論すればよいか整理してみましょう。

解説

1 参考事例の事実関係を整理する

ここで参考とする事例は、歯科クリニックを経営している事業主（請求人）が、その親族が代表取締役等を務める関係会社に対して業務委託費を支払っていたものです。

参考事例の事実関係を整理して、どのような証拠からどのような事実を認定して、判断に結びついているのかを確認します。以下、一部省略抜粋していますが、参考事例の基礎事実や認定事実から考えられる証拠資料を掲げてみます。

⑴　業務委託契約の内容

請求人とその親族経営とされる本件各法人との間で、歯科医院に関係する業務を委託する旨の契約が締結されていることが記載されています。これらは、通常、業務委託契約書等が証拠（裏付け）となりますので、証拠として準備しましょう。

⑵　業務委託契約に関する見積書

この事例では、業務委託契約に関する見積書が存在しており、各業務の項目（各明細）についてそれぞれ見積金額が付されています。

⑶　業務委託費を支払ったこと

請求人が本件各法人に対して、業務委託費を振り込んだ事実が記載されています。これは、通常、振込記録等が証拠（裏付け）となります。

⑷　本件各法人の経理処理と申告

本件各法人の売上、販管費の計上額および法人税の申告をしている事実が記載されています。これらは、通常、本件各法人の決算書および法人税の申告書等が証拠（裏付け）となります。

(5) 本件各法人の実体について

請求人は、本件各法人の実体を証するものとして、異議申立ての際に主に次のような証拠を税務署に提出していました。このようなものも証拠となります。

① 本件各法人の経営事実に関して、J社の消費税等の納付領収証、J社の中小企業倒産防止共済契約締結証書、J社の車の修理代等の領収証、会計事務所等からJ社への請求書

② 歯科医院院長業務を代行したこと等に関して、J社が作成したとするホームページ、J社が作成したとする歯科医師求人票等

③ 各種営業・情報収集等に関するものとして、店舗パンフレット

④ 従業員管理に関するものとして、J社と社会保険労務士の打ち合わせ資料等

(6) 請求人の審判所に対する答述

請求人は、本件各委託費の金額の算定に関して、本件各法人が積上げ式で算定して、請求人との話し合いで決定したものであることや、見積もり金額の妥当性は、契約当時に資料を基に検討したこと、ただし、その資料は残っていないことを答述しています。このような人の答述や申述も証拠となります。

2 参考事例のポイント

(1) 参考裁決の判断

上記で参考にした裁決では、納税者の言い分が認められています。判断のポイントを確認してみましょう。（裁決書の4（判断）(3)ハ（あてはめ））

(イ)請求人は、上記1の(4)のへのとおり、本件各法人と本件各委託契約を締結しているところ、その委託契約の内容については歯科業務の一環としてのものであり、上記ロの(イ)ないし(ハ)のとおり、請求人は本件各法人に対して本件各委託費を支払っていることが認められる。

この点、上記イのとおり、業務に関する一定の役務の提供に対して代金が支払われる契約が締結されている場合であっても、提供される役務の価値を超えて代金が支払われるなどの評価がされるのであれば、役務の価値を超えて支払われた部分は必要経費に算入されないことになる。

そこで、本件各委託費についてみると、上記ロの(ニ)のBの(A)のとおり、本件各委託費は、現存しない資料ではあるものの、資料に基づき、契約当事者間の話合いの結果により決定したというものであって、当審判所の調査によっても、これを否定するに足りる証拠がないことからすれば、本件各委託費は、提供される役務の価値を超えて代金が支払われたものとまでの評価ができるものではない。
したがって、請求人が本件各法人に支払った本件各委託費は、その全額が事業所得の金額の計算上必要経費に算入することができる。

(2) ロジックの確認

参考事例の判断部分について、文章を区切りながら再度読んでみましょう。感覚的なものでいいので、「↓」等でロジックを確認しながら読むと良いでしょう（図①）。

(3) まとめ

まず、業務委託費が必要経費であるというためには、相手との間で業務委託費に係る業務委託契約（注、「業務委託契約書」ではなく「契約」）が存在していることが前提となります。業務委託契約書は重要な証拠です。また、業務委託費が実際に支払われていることや、相手先の実体、処理、申告等を明らかにする証拠も揃えましょう。

この事例の判断でポイントとなったのは、業務委託料が提供される役務に見合うものであったかどうかです。それについては、業務内訳ごとの金額が記載された見積書が役に立ち

〈図①〉

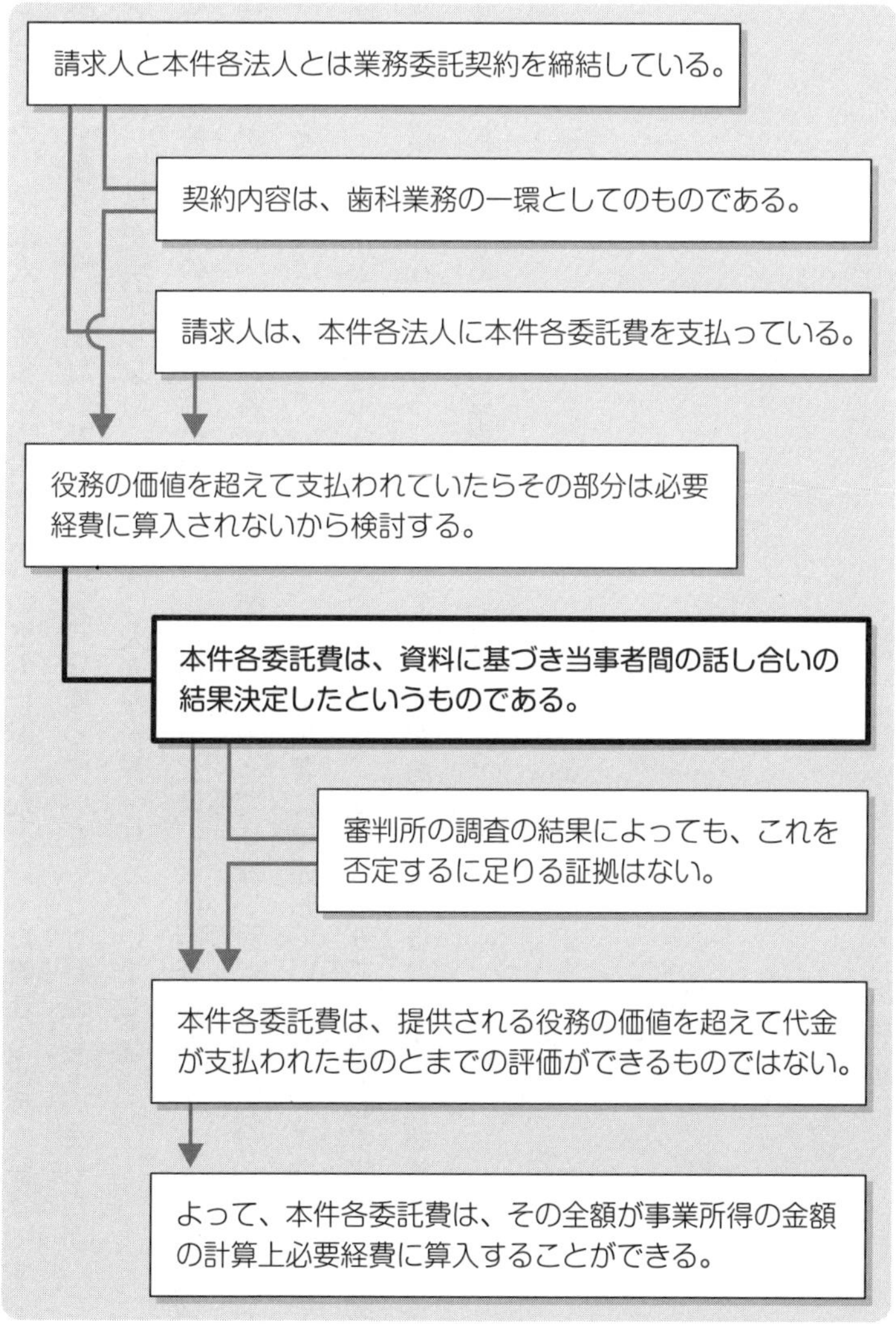
請求人と本件各法人とは業務委託契約を締結している。

契約内容は、歯科業務の一環としてのものである。

請求人は、本件各法人に本件各委託費を支払っている。

役務の価値を超えて支払われていたらその部分は必要経費に算入されないから検討する。

本件各委託費は、資料に基づき当事者間の話し合いの結果決定したというものである。

審判所の調査の結果によっても、これを否定するに足りる証拠はない。

本件各委託費は、提供される役務の価値を超えて代金が支払われたものとまでの評価ができるものではない。

よって、本件各委託費は、その全額が事業所得の金額の計算上必要経費に算入することができる。

ました。また、請求人の金額の妥当性についても検討したといった答述も重要な証拠です。請求人は、金額妥当性の検討の際に用いた資料は残っていないとも答述していましたが、この事例では、資料が現存しないことは結論に大きな影響を与えていません。

なお、本件各法人の代表取締役等であった請求人の父は、反面調査において、①本件各法人には実体がない旨、②本件各法人から報酬を受け取っていない旨、③毎月自分の生活費に係る領収証を請求人に送付していた旨等を、調査担当者に申述していました。この点について審判所は、本件各法人は登記された株式会社であり、証拠からみて法人として実際に活動していると認められることから、法人としての実体があると認めるのが相当であるとして、業務委託契約に関する判断には影響させていません。

Q 2-7 調査で名義預金だと指摘されましたが、否定するためにはどういう主張をすればいいですか？

A 名義預金に関する判断規範（判断のよりどころ）を確認して、検討してみましょう。

解説

1 ルールを調査する

名義預金かどうかは、事実認定の問題です。事例を通して、どのような証拠が役に立つのか調べてみましょう。

例えば、ＴＡＩＮＳで「名義預金」「預貯金の帰属」といったキーワードで検索すると、多くの事例がヒットします。ここでは、平成18年1月27日裁決（非公開）【ＴＡＩＮＳ Ｆ0－3－158】を例にとって、判断のよりどころをみてみましょう。

この裁決では、次のような一般論が記載されています。なお、「法令解釈」は、裁決書の「3

判断」の冒頭に記載されるのが一般的ですので探す際の参考にしてください。

一般的には、外観と実質は一致するのが通常であるから、財産の名義人がその所有者であり、その理は預貯金等についても妥当する。

しかしながら、預貯金等は、現金化や別の名義の預貯金等への預替えが容易にでき、また、家族名義を使用することはよく見られることであるから、その名義と実際の帰属とがそごする場合も少なくない。そうすると、預貯金等の名義人の収入・資産状況からみてその預貯金等全部の合計額が相当な範囲を超えている場合には、預貯金等の名義のみならず、その管理・運用の状況や、その原資となった金員の出捐者、贈与の事実の有無等を総合的に勘案してその帰属を判断するのが相当である。そして、預貯金等の原資が現金であることにかんがみると、同判断においては、特に、預貯金等の原資となった金員の出捐者が重要な要素となるというべきであり、その出捐者の判断は、その預貯金等の設定当時における、名義人及び出捐者たり得る者の収入並びに資産の取得及び保有の状況等を総合的に考慮するのが合理的というべきである。

2 具体的な証拠

この参考裁決で、どのような事実が認定されているのかを確認して、その証拠となり得るものを考えてみましょう（表①②③）。

この事例では、請求人が、当初は「被相続人が預貯金等を管理していた。」と述べ、その後に、「被相続人と共に預貯金等を管理し、解約・預入の手続は自分が行っていた。」と申述が変遷していることが認定されています。このような場合、申述が変遷したことについて合理的な理由がない限りは、変遷する前の申述（自己に不利な申述）である前者のほうが、通常、信用性が高いと評価されます（Q3－11）。

この事例は、あくまで一例ですが、基本的には、被相続人の預貯金ではないというためには、その原資の形成過程・運用状況等に関して、5W1H（誰が、何を、いつ、どこで、なぜ、どのように）がわかるような証拠や、その預貯金の管理・運用状況を示す証拠を示して主張することが重要となります。

(表①) 名義人（家族A）と請求人（相続人）の収入・資産状況に関する主な事実

認定されている事実	証拠となり得るもの
被相続人および請求人名義の預貯金等合計額	残高証明書
相続開始時の被相続人、納税者の名義となっている不動産とその相続税評価額	不動産目録 評価明細
昭和57年から平成13年までの被相続人の収入累計額と不動産購入代金の合計額	確定申告書の控え等 不動産売買契約書等
請求人の収入・不動産購入代金合計額	同上
名義人Aは請求人の被扶養者で、高校生であり収入がなかったこと	請求人の確定申告書の控え等

(表②) 預貯金の管理状況

認定されている事実	証拠となり得るもの
名義預金に係る通帳等および届出印の保管状況	関係者の申述等
名義預金に係る届出印が被相続人名義の口座と同一であったこと	各預貯金等に係る印影がわかるもの

(表③) 預貯金の運用状況

認定されている事実	証拠となり得るもの
名義預金の形成過程について、被相続人名義の預金等からの預金の移動状況	入出金記録（通帳）等
事業収入からの預貯金について、被相続人または請求人のどちらの名義にするか、決められたルールはなかったという事実	関係者の申述等
簡易保険の説明や契約の際は、被相続人と請求人が常に同席していたこと	関係者の申述等

Q2-8

相続財産である貸付金債権を零円で評価していたところ、額面評価すべきと指摘を受けました。どのように反論すればいいですか？

A

類似する事例を探して、要点を整理してみましょう。

解説

1 ルールを調査する

(1) 通達をみる

相続財産の評価については、ご存知のとおり、財産評価基本通達が財産の種類ごとに基本的な取扱いを定めています。そして、貸付金債権の評価については、同通達第8章第6節（その他の財産）204《貸付金債権の評価》および205《貸付金債権等の元本価額の範囲》

によることになります。

> 財産評価基本通達204《貸付金債権の評価》
> 　貸付金、売掛金、未収入金、預貯金以外の預け金、仮払金、その他これらに類するもの（以下「貸付金債権等」という。）の価額は、次に掲げる元本の価額と利息の価額との合計額によって評価する。
> (1)　貸付金債権等の元本の価額は、その返済されるべき金額
> (2)　貸付金債権等に係る利息（208《未収法定果実の評価》に定める貸付金等の利子を除く。）の価額は、課税時期現在の既経過利息として支払を受けるべき金額

　額面で評価すべきか否かという問題は、元本の価額の範囲の問題です。したがって、同通達205も参照します。

> 財産評価基本通達205《貸付金債権等の元本価額の範囲》
> 　前項の定めにより貸付金債権等の評価を行う場合において、その債権金額の全部又は一部が、課税時期において次に掲げる金額に該当するときその他その回収が不可能又は著しく困難であると見込まれるときにおいては、それらの金額は元本の価額に算入しない。（平

12課評2－4外改正)
(1) 債務者について次に掲げる事実が発生している場合におけるその債務者に対して有する貸付金債権等の金額（その金額のうち、質権及び抵当権によって担保されている部分の金額を除く。）
イ 手形交換所（これに準ずる機関を含む。）において取引停止処分を受けたとき
〔～以下略～〕

本件では、同通達205が「次に掲げる金額に該当するとき」と列挙する(1)のイ～トの各事実に該当していませんので、柱書の「その他その回収が不可能又は著しく困難であると見込まれるとき」（以下「回収可能性がない」といいます。）に該当するという主張をしていくことになります。

しかし、具体的には、どのような事実があれば、回収可能性がないということになるのでしょうか。そのことについては、事例を参考にする必要があります。

(2) 裁決事例をみる

国税不服審判所の裁決要旨検索システム（図）を使ってみましょう。「相続税」で、「キーワード」を「貸付金債権」と「評価」で事例を抽出してみます。そうすると、20件以上がヒッ

(図)

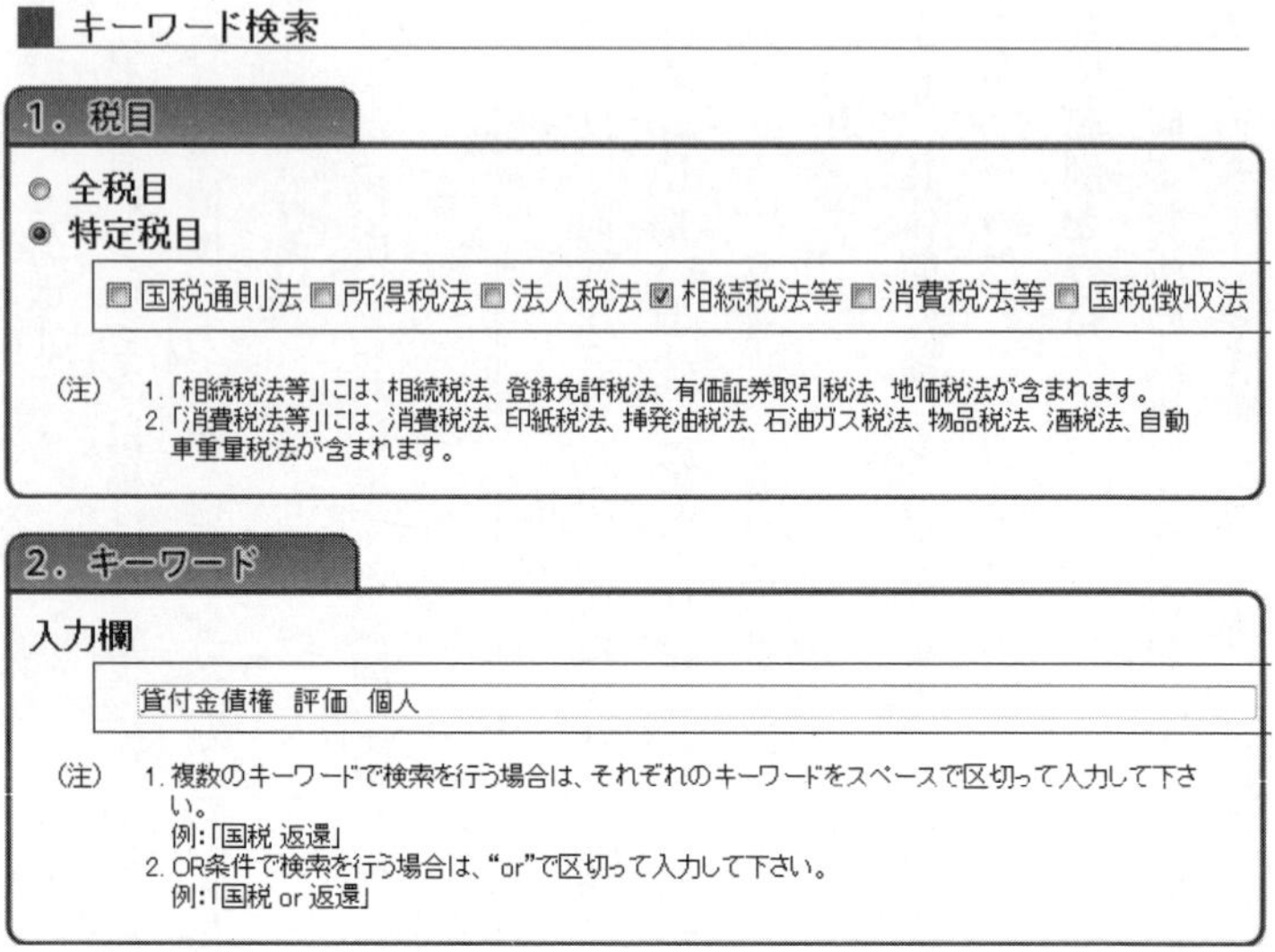

トしたので、もう少し絞ることにします。さらに「個人」というキーワードを追加します。

そうしますと、個人に対する貸付金債権の評価が問題となった裁決事例（本文あり）が1件見つかりました。平成24年9月13日裁決です。

2 参考事例の分析

(1) 参考事例の概要等

参考事例は、被相続人が生前に、個人に対する貸付金について「債務者（個人）が、一定額の債務を負うことを承認する。」といった趣旨の公正証書を作成していました。原処分庁は、その貸付金債権の元本額と遅延損害金との合計額をもって評価額とすべきだとして、更正処分を行いました。これに対して、請求人は、そもそも貸付金債権が存在していないと主張し、仮に、貸付金債権が存在するとしても、当該債権の評価は零であると主張しました。

なお、金銭債権の評価が争いとなるケースでは、このように、金銭債権は存在していないという点を主位的に主張するパターンがよく見られます。

(2) 参考事例における解釈

評価通達205がいう「回収可能性がない」ことについて、参考事例は、どのような解釈（判断基準）をたてているのかを整理します。その部分の文章を引用します。

> 3の(1)のイの(ロ)の第3・第4パラグラフ
>
> ……ことからすると、上記の「次に掲げる金額に該当するとき」と同視できる程度に債務者の資産状況及び営業状況等が破綻していることが客観的に明白であって、債権の回収の見込みのないことが客観的に確実であるといい得るときをいうものと解するのが相当である。
>
> そして、「同視できる程度」とは、債務者が個人である場合には、債務者の債務超過の

状態が著しく、その者の信用、才能等を活用しても、現にその債務を弁済するための資金を調達することができないだけでなく、近い将来においても調達することができる見込みがない場合をいうものと解される。

「次に掲げる金額に該当するとき」とは、先ほど言及しました、同通達205の（1）以下の列挙事由を指しています。つまり、債務者について手形交換所の取引停止処分や再生計画認可の決定、整理計画の決定などによって債権が切り捨てられることなどを指しています。そして、「同視できる程度」というのは、次のような場合をいうと説明されています。

① 債務者の債務超過の状態が著しい
② 債務者の信用、才能等を活用しても、現にその債務を弁済するための資金を調達することができない
③ 近い将来においても調達することができる見込みがない

(3) 参考事例で着目された事実

参考事例は、上記①から③のような事情があれば、列挙された事実と「同視できる程度」にあたるという解釈をとっていますが、それでは、具体的に①から③にあたる事実として、どのような点に着目したのでしょうか。それを拾い出します。

①「債務者の債務超過の状態が著しい」ことについて
相続開始の頃において、
・債務者（H）は市民税が非課税であった。
・少なくとも、住所地には不動産を持っていなかった。
・返済原資となるような預金を保有していなかった。
そして、債務者は被相続人からの借入金が少なくとも1億円あった。
②「債務者の信用、才能等を活用しても、現にその債務を弁済するための資金を調達することができない」ことについて
・相続開始日を挟んで3年連続市民税非課税である。
・不動産を所有している様子はうかがえない。
・返済原資となるような預貯金の存在も確認できない。
③「近い将来においても調達することができる見込みがない」ことについて
この点については、審判所は、明確に事実を列挙していませんが、「当審判所に提出された全証拠によっても、Hの具体的資力、返済能力等を裏付ける証拠は認められず」と述べています。

審判所が認定した事実の中には、Hの職業等として、その名刺に職業が釣り堀業との記載

があったことや、審判所に対しては、H自身は総合土木建設業で500万円くらいの所得があると述べたことが書かれています。これらの事実に上記②の状況と併せれば、将来においても返済資金を調達することはできないということには合理性があります。

3 目の前の事案に活かす

上記でみたように、財産評価基本通達204は、貸付金債権の評価について、「回収可能性がない」かどうかをルールとしています。この点、調査担当者の主張は「債権が法的に切り捨てられたものではない」ことを理由としていますが、ルールに則れば、債権が法的に切り捨てられたものではない（消滅している）ことだけをもって結論が出るものではなく、「回収可能性がない」かどうかも判断基準となるはずです。調査担当者のこの種の紋切り型の主張に対しては、ルールをよく調査して、判断の分岐点（争点）を見誤らないようにすることが重要です。

さて、納税者が主張すべきは、「回収可能性がない」かどうかという点です。これについては、債務者の状況に関する証拠が必要となります。審判所は職権主義で、調査権限もありますので、債務者の資産状況を調査することも可能ですが、納税者の立場からはそういうわけにもいきません。債務者の協力が得られるようなら、債務者の財産状態を示す証拠を提供してもらうということも一法ですが、通常は難しいでしょう。

いずれにせよ、納税者としては、参考事例が挙げていたような事実を証するものを調査担当者に示しつつ、①から③の要件を満たしているといった主張をする必要があります。できるだけ客観的に、①債務者の債務超過の状態が著しいこと、②債務者の信用、才能等を活用しても、債務弁済のための資金調達ができないこと、③近い将来においても調達することができる見込みがないことを主張していくことが重要となります。

Q2-9 居住用財産の3000万円の特別控除は、贈与による取得直後の譲渡には適用されないと指摘されました。本当でしょうか？

A 条文には、所有期間の要件は規定されていません。先行事例から判断基準を見てみましょう。

解説

1 適用条文を確認する

マイホームを売った際の譲渡益から、最高3000万円まで控除できる特例（措法35）は一般的なものですが、先例を探す場合は、まず、適用条文を認識せねばなりません。しかし、条文番号がすぐに出てこないような場合もあるでしょう。このような場合は、例えば、国税庁のタックスアンサーを利用すると、参照条文も記載されていますので、該当条文を早く見つけることができます。

（例）

①国税庁ウェブサイトから、タックスアンサーのページを開き、キーワードに「居住用財産」「譲渡所得」「特別控除」と入れてみます（図①）。

②抽出されたものの中から、論点に関係のある「№3302マイホームを売ったときの特例」を選択します。そうしますと、説明の一番下に、関係法令や通達番号が記載されています（図②）。

最初の「所法33」は、譲渡所得の条文ですから、次の「措法35」が目指す条文番号です。なお、条文集（インターネット上にもあります。）で再度確認して、条文タイトルもチェックしておきます。租税特別措置法第35条のタイトルは「居住用財産の譲渡所得の特別控除」です。

③タインズのページを開き、検索窓に「居住用財産の譲渡所得の特別控除」（全角スペース）「居住期間」（全角スペース）「贈与」と、3つのキーワードを入れてみます。

キーワードの決め方については、まず、条文番号か条文のタイトルを入れることをお勧めしますが、条文番号の場合は、判決文では「○○法第○条」ではなく「○○法○条」と書かれるケースもありますので、条文のタイトルを入れるほうが確実です。

(図①)

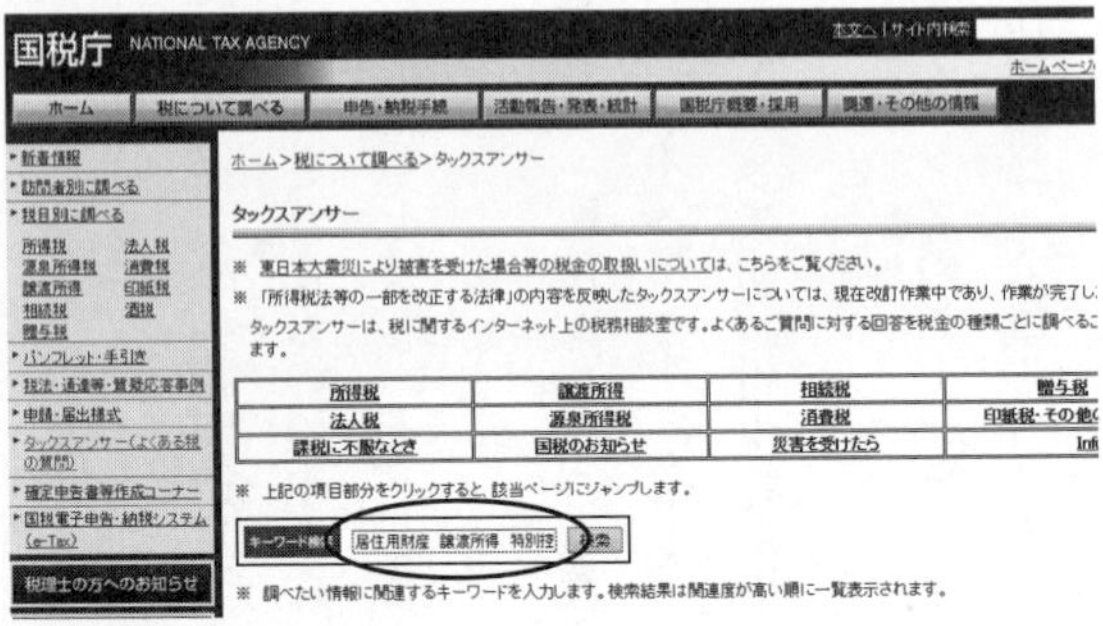

(図②)

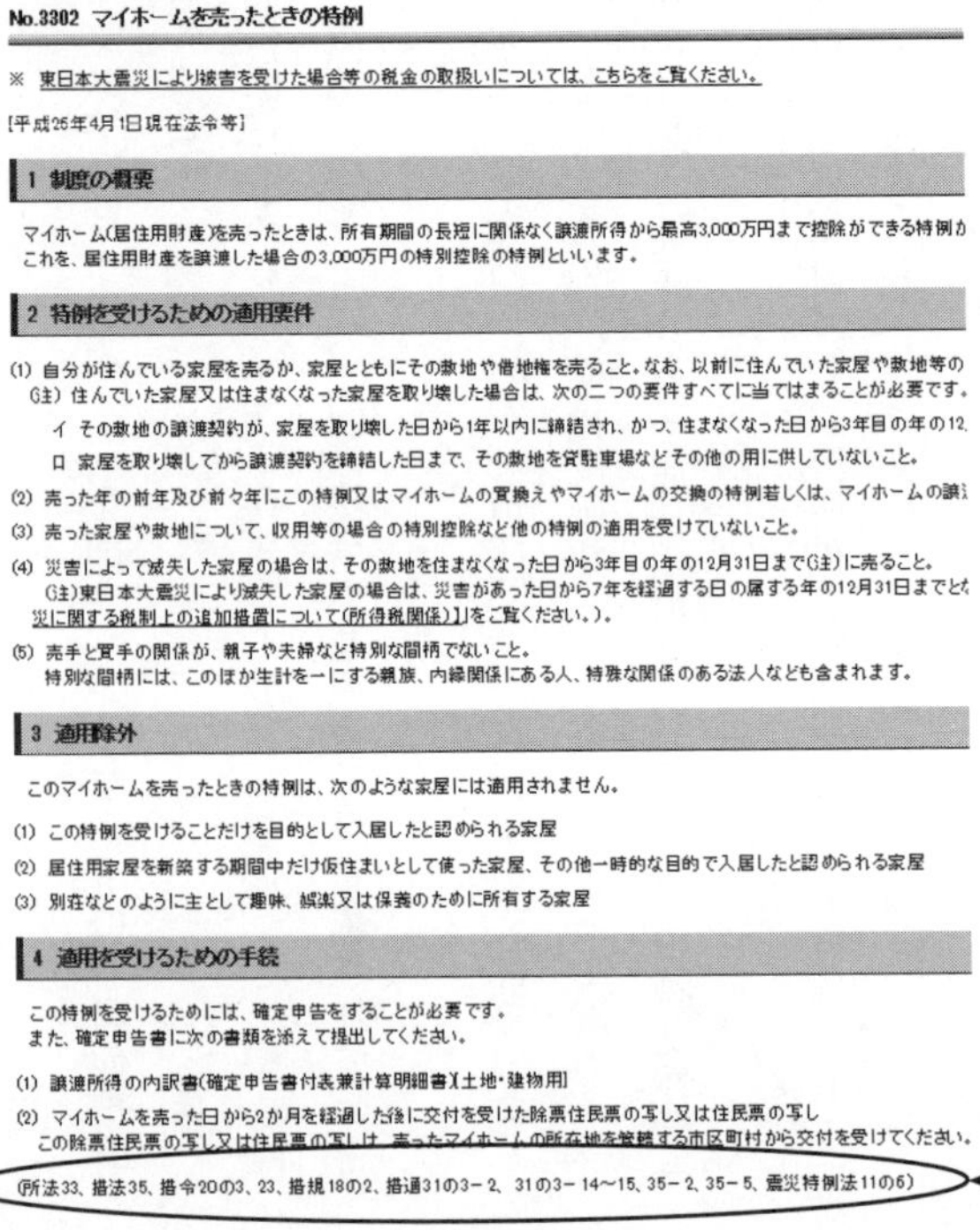

No.3302 マイホームを売ったときの特例

※ 東日本大震災により被害を受けた場合等の税金の取扱いについては、こちらをご覧ください。

[平成25年4月1日現在法令等]

1 制度の概要

マイホーム(居住用財産)を売ったときは、所有期間の長短に関係なく譲渡所得から最高3,000万円まで控除ができる特例か
これを、居住用財産を譲渡した場合の3,000万円の特別控除の特例といいます。

2 特例を受けるための適用要件

(1) 自分が住んでいる家屋を売るか、家屋とともにその敷地や借地権を売ること。なお、以前に住んでいた家屋や敷地等の
(注) 住んでいた家屋又は住まなくなった家屋を取り壊した場合は、次の二つの要件すべてに当てはまることが必要です。
イ その敷地の譲渡契約が、家屋を取り壊した日から1年以内に締結され、かつ、住まなくなった日から3年目の年の12
ロ 家屋を取り壊してから譲渡契約を締結した日まで、その敷地を貸駐車場などその他の用に供していないこと。

(2) 売った年の前年及び前々年にこの特例又はマイホームの買換えやマイホームの交換の特例若しくは、マイホームの譲

(3) 売った家屋や敷地について、収用等の場合の特別控除など他の特例の適用を受けていないこと。

(4) 災害によって滅失した家屋の場合は、その敷地を住まなくなった日から3年目の年の12月31日まで(注)に売ること。
(注)東日本大震災により滅失した家屋の場合は、災害があった日から7年を経過する日の属する年の12月31日までとな
災に関する税制上の追加措置について(所得税関係)]」をご覧ください。)。

(5) 売手と買手の関係が、親子や夫婦など特別な間柄でないこと。
特別な間柄には、このほか生計を一にする親族、内縁関係にある人、特殊な関係のある法人なども含まれます。

3 適用除外

このマイホームを売ったときの特例は、次のような家屋には適用されません。

(1) この特例を受けることだけを目的として入居したと認められる家屋

(2) 居住用家屋を新築する期間中だけ仮住まいとして使った家屋、その他一時的な目的で入居したと認められる家屋

(3) 別荘などのように主として趣味、娯楽又は保養のために所有する家屋

4 適用を受けるための手続

この特例を受けるためには、確定申告をすることが必要です。
また、確定申告書に次の書類を添えて提出してください。

(1) 譲渡所得の内訳書(確定申告書付表兼計算明細書)[土地・建物用]

(2) マイホームを売った日から2か月を経過した後に交付を受けた除票住民票の写し又は住民票の写し
この除票住民票の写し又は住民票の写しは、売ったマイホームの所在地を管轄する市区町村から交付を受けてください。

(所法33、措法35、措令20の3、23、措規18の2、措通31の3－2、31の3－14～15、35－2、35－5、震災特例法11の6)

←関係法令等

次に、調べたい内容は、「贈与を受けたあとすぐの譲渡」に関することですから、ここから、キーワードになりそうなものを取り出します。「贈与」「直後」でもかまいませんが、居住期間が問題になるかどうかということですから、「居住期間」というキーワードを試しに入れてみます。「税法データベースの検索条件設定」については、まずは設定せずに検索ボタンを押してみましょう。

④画面をスクロールしなくても一覧できる程度の事例がヒットしました。これくらいの数でしたら、さらに条件を設定して絞る必要もないでしょう（図③）。

さて、タイトル欄の記載をみると、相談事例も参考になりそうですが、ここでは、判例か裁決を探すことを優先します。

関連性が深そうな事例が複数ヒットした場合は、「関連雑誌目次」をクリックしますと、その事件を取り上げた雑誌が紹介されています。雑誌で取り上げられた回数が多い事例を優先的に読むと、効率が良いと思います。

ここでは、雑誌掲載回数も多く、比較的新しい事例でもある平成25年12月26日松江地方裁判所判決を参照してみましょう。

（図③）

税法データベース検索結果一覧

No	税区分	情報区分	TAINSコード	タイトル	年月日	関連判決	関連雑誌目次
1	所得税	地裁	Z888−1809	松江地方裁判所平成22年（行ウ）第8号所得税更正処分等取消請求事件（棄却）国側当事者・国（Q税務署長）平成25年12月26日判決【居住用財産の特別控除／贈与により取得した家屋と生活の本拠】	平25-12-26		平25．12．26松江地裁
2	所得税	地裁	Z183−6697	横浜地裁昭和62年（行ウ）第5号更正処分取消請求事件（棄却）（確定）【税務訴訟資料第183号258頁】	平03-04-24		平3．4．24横浜地裁
3	所得税	裁決	J79−2−21	（居住用財産の譲渡所得の特別控除（居住用財産の意義））10年以上居住の用に供し ていた家屋及びその敷地について、贈与を受けた直後に譲渡した場合には、租税特別措置 法第35条の適用を受けることはできないとした事例（平成19年分の所得税の更正処分 及び過少申告加算税の賦課決定処分・棄却・平22−06−24裁決）【裁決事例集第79集】	平22-06-24		平22．6．24裁決
4	所得税	裁決	J45−6−01	（居住用財産の譲渡所得の特別控除の適否）譲渡物件は居宅新築のための仮住まいと認 められ、譲渡所得について租税特別措置法第35条の規定による特別控除はできず、また、居住期間を偽つた住民票の添付は重加算税の対象になるとした事例（棄却）（平成2年 分所得税・平05−05−21裁決）【裁決事例集第45集295頁】	平05-05-21		平5．5．21裁決
5	所得税	裁決	J44−6−01	（居住用財産を譲渡した場合の税率の軽減）租税特別措置法第31条の4で規定する所 有期間は、あくまでも譲渡した家屋そのものを取得等した日の翌日から引き続き所有して いた期間をもつて判断すべきであるとした事例（棄却）（平成2年分所得税・平04−0 7−09裁決）	平04-07-09		平4．7．9裁決
6	所得税	相談事例	所得事例東京会010009	東京税理士会会員相談室0009 所得税 居住用財産の贈与を受けた直後に譲渡をした 場合の3千万円特別控除【東京税理士界 平成25年2月1日第673号掲載】		J79−2−21	
7	相続税	裁決	J51−1−02	（重加算税賦課決定の当否）居住の用に供していない土地建物の所在地に住民票を移し、その住民票を添付して相続税法第21条の6の特例の適用を受けようとしたことが、事 実の隠ぺい又は 仮装に該当するとした事例（棄却）（平成4年分贈与税・平08−04− 15裁決）	平08-04-15		平8．4．15裁決
8	相続税	相談事例	相続事例000736	相事例0736 贈与税の配偶者控除と居住用財産の譲渡所得の特別控除の適用〔問〕昨年、居住用不動産を夫から妻に贈与し、贈与税の配偶者控除の適用を受けた。 贈与を受けた直後においてやむを得ない事情から、妻は贈与を受けた居住用不動産を譲 渡した。そこで、妻は、贈与を受けた居住用不動産を譲渡した資金で、夫が他の目的で取 得していた土地に妻名義で居住用家屋を建築し、居住することになったが、次の点はどうなるか。（1）贈与税の配偶者控除は、受贈後引き続き居住の用に供することが要件となってい るが、上記のように受贈後短期間で売却した場合には、特例の適用の取消しがある か。（2）妻は居住用財産の譲渡所得の特別控除は受けられるか。			

2 参考事例の読み解き

(1) 事案の概要等

本件は、問題となった土地建物（本件土地建物）の譲渡が、租税特別措置法第35条に規定する「居住の用に供していた」土地建物の譲渡に当たるのかが争点となっています。

本件土地建物については、平成18年7月1日付けで、原告の母（乙）から原告に対して贈与をする旨の贈与契約が交わされており、同月19日付けで原告から第三者（丁）に売り渡す旨の売買契約が締結されて、同日に所有権移転登記手続がされました。

双方の主張を確認すると、原告は、

平成8年から平成18年末まで本件家屋に居住しており、同年5月下旬以降には、所有者として本件家屋に居住していたから、租税特別措置法第35条第1項の居住の用に供する家屋に該当する等と主張しています。

一方で、原処分庁は、同項の居住の用に供する家屋とは、真に居住の意思をもって、所有者として、ある程度の期間、継続して生活の本拠としていた家屋を意味するのであるが、本件では、譲渡の時期からして、原告が真に居住の意思をもって、本件家屋を使用していたとはいえない。また、原告が平成18年末まで本件家屋を使用していたとしても、原告は、本件家屋と同じ市に所在する原告の実家で主に生活し、本件家屋を生活の本拠としていなかったから、租税特別措置法第35条（本件特例）の適用はないと主張しています。

(2) 裁判所の判断

裁判所の判断を読む際は、法的三段論法（Q1－1）を念頭に置き、まず、裁判所がどのような判断基準を用いたのか（大前提：法令解釈等）を確認します。次に、裁判所がどのような事実に着目しているのか（小前提：認定事実）を確認します。この二つの区分を意識することで、事例を正しく理解することができます。なお、この事例では納税者の言い分は認められていません。

① 判断基準の要旨（第3の2の(1)の「租税特別措置法第35条第1項の解釈」）

・本件特例の制度趣旨に照らすと、個人が、家屋等の所有者として、生活の本拠に利用していた家屋を意味すると解するのが相当である。
・「居住の用に供」するか否かにつき、通常の文言よりは、所有者要件を付加する限度で、その意味を限定して解釈すべきことになる。
・生活本拠性の有無については、民法第22条の解釈を参考にして、客観的な居住の事実を基本として、居住意思という主観的事実をも考慮して、社会通念に照らして、総合的に生活本拠性を判断するのが相当である。
・真に居住の意思があるかどうかという点および継続的居住の事実があるかどうかという点は、それぞれ、独立の要件事実というよりは、生活本拠性（要件事実）を推認させる間接事実（※）として考慮されることになる。
・この生活本拠性は、租税特別措置法第35条第1項が、前示のとおり、租税の減免を認める例外的措置であることに照らすと、本件不動産譲渡が居住の用に供する家屋等の譲渡に当たることを主張する原告において、その立証責任（Q1－3）を負うべきものである。

② 認定事実（第3の2の⑵の「基礎となる事実の認定」）の一部抜粋

・原告は、平成8年11月15日、×市△番地に住民票上の住所を定めた。なお、原告は、平成8年ごろに、他県から○県×市に戻ってきている。

・×市△番地の土地は、平成18年6月30日にA土地とB土地に分筆されたが、その分筆は、建物をまたぐ不自然なものである。
・平成18年7月1日付けの本件土地建物に関する贈与証書および同月18日付けの所有権移転登記の事実からすると、乙は、平成18年7月1日、本件土地建物を原告に贈与する旨の意思表示を確定的に行い、原告は、これを承諾したものと認められる。
・原告および乙は、平成18年7月19日、丁との間で本件土地建物を含む不動産を代金6500万円で売り渡す旨の売買契約を締結した。なお、その代金支払時期および所有権移転登記に必要な書類の引渡し時期は平成19年6月1日とされている。
・原告は、平成18年12月末まで、本件家屋を使用し、その後他に転居した。
・本件で譲渡された家屋での平成18年7月から12月までのガス、水道、電気料金等は、平均的な世帯支出額よりも少なく、水道料金は前年比較の約半額程度である。

③ 判断の要旨

・原告が本件土地建物の所有者となった平成18年7月1日以降の本件家屋への客観的な居住事実を基本として、原告の居住意思という主観的事実をも考慮し、社会通念に照らして、総合的に本件家屋の生活本拠性を判断する。
・原告は平成18年7月1日の時点で、住民票の住所を本件家屋の所在地に定めていたが、同年12月には本件家屋から転居しており、しかも、平成19年4月19日の売買と同日付で他所に住民票上の住所を定めている。加えて、原告が平成18年7月から12月当時、本件家屋を使用していたとしても、それを主たる生活の拠点とまではしていなかったことが推認される。

・さらに、平成18年6月30日の分筆による分割線は建物をまたぐ不自然なものであるから、この分筆は本件特例の適用を念頭に置いたものと推認され、平成18年7月19日の売買の際、土地については分筆前の表示がされているから、同日以前から、その売買の大枠の合意がなされていたものと推認されること等を勘案すると、原告は、本件土地建物の取得後、所有者として、本件家屋を生活の本拠とする意思を有していたかどうかにつき、相当に疑問が残るものと言わざるを得ない。

・以上認定の原告の本件家屋への居住期間、居住実態を基本として、その居住意思をも併せ考慮し、社会通念に照らして総合判断すると、原告は、本件土地建物の所有権取得後、所有者として、本件家屋を生活の本拠としてその用に供していたとはいい難いというべきである。

3 参考事例から掴んだ判断基準

参考事例によれば、本件特例の適用の可否は、「客観的な居住の事実を基本として、居住意思という主観的事実をも考慮して、社会通念に照らして、総合的に生活本拠性を判断する」にあります。そうしますと、調査担当者が主張するように、贈与を受けてすぐに譲渡しているということだけをもって、直ちに本件特例の適用が否定されるものではないということがわかります。あくまで、この判断基準に照らして判断すべきとされています。もっとも、この問題の立証責任は、事例によれば納税者側にあるとされていますから、主張が認められるためには、一定のハードルがあることは確かです。

なお､所有権を取得する以前の居住の事実は、判断には直接影響しない点にも留意しましょう。つまり、そのことを一生懸命主張してもあまり意味がないということです。

さて、具体的に調査担当者の指摘に対応するためには、①客観的な居住の事実があったのかについては、例えば、電気・水道・ガスの使用状況などが証拠となり得ましょう。また、他に生活の本拠と認められる可能性がある住居が存在していないことも確認しておくべきでしょう。そして、②居住意思に関しては、贈与を受けた際には、譲渡するつもりはなく、居住の意思があったが、その後に譲渡をする事情が生じたとか、実際に贈与を受けた後に生活の本拠として居住していたなどといった事実があれば、本件特例の適用可能性に向かう間接事実となります。

※「間接事実」を立証するための証拠を「間接証拠」といいます。（Q1－2）

Q2-10 「争点整理表」はどうやって使うのですか？

A 課税要件ごとに、当事者の主張を対比させます。事例を使ってやってみましょう。

解説

1 課税要件の見極め

争点整理表には、決まった様式があるわけではありません。課税要件ごとに当事者の主張を記載していきます。

まず、課税要件つまり、課税されるかどうかの基準を見つける必要があります。多くの場合、条文の文言だけでなく一定の解釈が必要です。また、ケースによっては、複数の解釈の余地があるかもしれません。目の前の事例に最もふさわしい基準を見つけるためには、事実関係に照らしながら試行錯誤することもあります。具体的には裁決であれば、「関係法令等」

や「法令解釈」の項目に記載されている部分が参考になります。

たとえば、所得税法第64条第2項に規定する保証債務の特例が適用できるかどうかについて、調査担当者との間で見解の相違が生じている場合は、次のように整理するとよいでしょう。

まず、所得税法第64条第2項（本件規定）の課税要件を確認して、リスト化します。

> 保証債務を履行するため資産（第33条第2項第1号（譲渡所得に含まれない所得）の規定に該当するものを除く。）の譲渡（同条第1項に規定する政令で定める行為を含む。）があった場合において、その履行に伴う求償権の全部又は一部を行使することができないこととなったときは、その行使することができないこととなった金額（不動産所得の金額、事業所得の金額又は山林所得の金額の計算上必要経費に算入される金額を除く。）を前項に規定する回収することができないこととなつた金額とみなして、同項の規定を適用する。

これを分解すると次のようになります。括弧書きは省略します（表①）。こうすることで本件規定は要件Aと要件Bの両方を満たす必要があるということがわかりやすくなります。

次に、該当する法令について、判例の解釈や通達の解釈を調べ、具体的（実体的）な要件となりうるものがないか調査します。

(表①)〈課税要件チェックリスト〉

要件A	保証債務を履行するため資産の譲渡があった場合
要件B	その履行に伴う求償権の全部または一部を行使することができないこととなったとき

(表②)

要件A	保証債務を履行するため資産の譲渡があった	①債権者に対して債務者の債務を保証したこと
		②上記①の保証債務を履行するための資産の譲渡であること
要件B	その履行に伴う求償権の全部または一部を行使することができないこととなった	③上記①の保証債務を履行したこと
		④上記③の履行に伴う求償権の全部または一部が行使不能となったこと

過去の事例を調べると、本件規定は、多くの事例で、次の実体的な要件（表②の①から④）が判断基準として使われていることがわかります。そこで、その要件を条文に照らして整理します。こういったものを「課税要件チェックリスト」と呼ぶこともあります。

2 主張整理

(1) 調査担当者の主張を確認

調査担当者の主張について、上記で確認した課税要件のどこに対応しているのかをそれぞれ整理します。

〈調査担当者の主張〉

納税者は、本件債務の保証をしている事実は認められるが、債務の弁済期日前に、債権者から法的な保証債務の履行の請求がないにもかかわらず、本件債務を任意に弁済したのであるから、それは、主債務者の債務不履行に基づく保証債務の履行ではなく、単に、譲渡代金を主債務者に貸し付けたに過ぎない。したがって、保証債務履行のための資産の譲渡には当たらない。

課税要件	実体的要件	調査担当者の主張
保証債務を履行するため資産の譲渡があった	①債権者に対して債務者の債務を保証したこと ②上記①の保証債務を履行するための資産の譲渡であること	本件債務の保証をしている事実は認められる。 譲渡代金を主債務者に貸し付けるための資産の譲渡である。

その履行に伴う求償権の全部または一部を行使することができないこととなった	③上記①の保証債務を履行したこと	任意弁済であるから保証債務の履行ではない。
	④上記③の履行に伴う求償権の全部または一部が行使不能となったこと	（③の前提を欠くので、④には当たらない。）

(2) 納税者の主張を対比させる

要件ごとに、調査担当者の主張に対比させる形で、納税者の主張をまとめます。納税者が本件規定の適用を受けるためには、①から④の要件を全て満たす必要がありますから、必然的に、全ての要件について、それぞれ満たしているという主張をすることになります。

実体的要件	調査担当者の主張 	納税者が主張すべきこと 
①債権者に対して債務者の債務を保証したこと	本件債務の保証をしている事実は認められる。	本件債務の保証をしている。

②上記①の保証債務を履行するための資産の譲渡であること	譲渡代金を主債務者に貸し付けるための資産の譲渡である。	本件債務について保証債務を履行するために資産を譲渡したものである。
③上記①の保証債務を履行したこと	任意弁済であるから保証債務の履行ではない。	本件債務について保証債務を履行した。
④上記③の履行に伴う求償権の全部または一部が行使不能となったこと	（③の前提を欠くので、④には当たらない。）	本件債務の保証債務の履行に伴う求償権が行使不能となった。

表を作成して要件ごとに主張すべきことを整理していくとわかるのは、調査担当者としては、④の要件については、その前提（③）を欠いているために具体的に言及していないということです。しかし、納税者としては、④の要件まで満たしていることを主張しないといけませんので、忘れないようにしましょう。

(3) 調査担当者の主張の弱点を探す

調査担当者が本件規定の適用を受けられないと主張するポイントは何でしょうか。すべての要件を満たすと主張せねばならない納税者としては、その点を崩す必要があるわけです。

この事例では、調査担当者は、②および③の要件に関して、「保証債務の履行ではない」という点で、本件規定の適用が認められないと主張しています。

理由

納税者は、債務の弁済期日前に、債務者から法的な保証債務の履行の請求がないにもかかわらず本件債務を任意に弁済した。

主張

主債務者の債務不履行に基づく保証債務の履行ではない。単に、譲渡代金を主債務者に貸し付けたに過ぎない。

調査担当者は、「単に、譲渡代金を主債務者に貸し付けたに過ぎない。」と主張していますが、納税者と主債務者との間でそのような合意が認められないのであれば、「貸し付けた」という主張には無理が感じられます。

また、調査担当者は、「任意弁済であれば保証債務の履行ではない。」とも主張していますが、任意弁済であっても、保証債務を履行したことには変わりありません（※）。

なお、事実関係は若干異なりますが、非公開裁決平成12年3月2日裁決【TAINSF0

－１－０８３】では、同様の理由でされた原処分が取り消されています。
これらの点を踏まえて、納税者の反論を強いものにしてみましょう。

調査担当者の主張	納税者の主張
本件債務の保証をしている事実は認められる。	本件債務の保証をしている。
譲渡代金を主債務者に貸し付けるための資産の譲渡である。	主債務者と納税者との間では、譲渡代金を主債務者に貸し付けるとの合意はない。納税者は本件債務に係る保証債務を履行するために資産を譲渡したものである。
任意弁済であるから保証債務の履行ではない。	主債務の弁済期日前に代位弁済をした場合は保証債務の履行に当たらないと限定的に解釈することはできない。また、納税者は、債権者から返済について督促を受け、債務不履行になった場合の保証人の責任についての説明を受けた上で、連帯保証人としての責任を果たすべく不動産を譲渡して債権者に対して代位弁済したのである。したがって、任意弁済であっても保証債務を履行したことに違いはない。

主債務者は失踪して現在も行方不明であり、また、見るべき財産や収入もないから本件債務の保証債務の履行に伴う求償権は行使不能である。	（③の前提を欠くので、④には当たらない。）

※ 民法第462条《委託を受けない保証人の求償権》第1項は、主債務者の委託を受けないで保証人が弁済をした場合、主債務者は、その当時利益を受けた限度で償還をしなければならないと規定しています。

コラム　必要条件と十分条件

「必要条件」「十分条件」は、数学で用いられる言葉ですが、論理的思考を鍛えるために役立つ考え方です。

例えば、猫は必ず動物だということができますから、こういう場合、「猫であることは動物であることの必要条件」といいます。しかし、その逆、つまり、動物は必ず猫だということはできません。動物には、猫もいれば犬や馬などもいるからです。こういう場合、「動物であることは、猫であることの十分条件」といいます。

「Aは必ずB」であるということが言えたとしても、その逆「Bは必ずA」が常に成立するかどうかはわからないということです。

Q2-10の所得税法第64条第2項（本件規定）の要件で考えてみましょう。「①債権者に対して債務者の債務を保証したこと」、「②上記①の保証債務を履行するための資産の譲渡であること」、「③上記①の保証債務を履行したこと」、「④上記③の履行に伴う求償権の全部または一部が行使不能となったこと」この4つの実体的要件が必要でした。

このような場合、①の要件を満たしているということだけをもって、本件規定の適用が

できるかどうかはわかりません。逆に、本件規定の適用が認められるケースでは、必ず①の要件を（もちろん他の要件②～④も全て）満たしているということになるはずです。

課税要件のタイプとしては、たとえば、AおよびBおよびCの要件を全て満たす場合に効果が生じるもの、AまたはBまたはCのいずれかの要件を満たせば効果が生じるもの、これらの組み合わせ（AおよびBまたはCなど）が考えられますので、扱っている規定がどのような構造になっているのかを常に念頭においておく必要があります。

Ⅲ 税務調査に関するギモン

Q3-1 税務調査にはどのような種類がありますか？

A 税務調査は、いわゆる「任意調査」と「強制調査」に分けることができます。「任意調査」には、いくつかの類型があります。

解説

1 税務調査の意義

税法上、「税務調査」に関する規定は、条文上は「質問検査権」として定められています。具体的には、所得税、法人税等各税目に関する質問検査権に関する規定は、国税通則法第7章の2に「国税の調査」として設けられています。これらの多くは、平成23年12月の税制改正以前は、各税法に規定があり、改正によって国税通則法に集約されたものです。

そして、国税通則法に関する通達「「国税通則法第7章の2（国税の調査）関係通達」の「第1章法第74条の2～法第74条の6関係（質問検査権）」の1－1は、「調査」の意義を、次のように定めています。

(1) 法第7章の2において、「調査」とは、国税（法第74条の2から法第74条の6までに掲げる税目に限る。）に関する法律の規定に基づき、特定の納税義務者の課税標準等又は税額等を認定する目的その他国税に関する法律に基づく処分を行う目的で当該職員が行う一連の行為（証拠資料の収集、要件事実の認定、法令の解釈適用など）をいう。

(注) 法第74条の3に規定する相続税・贈与税の徴収のために行う一連の行為は含まれない。

(2) 上記(1)に掲げる調査には、更正決定等を目的とする一連の行為のほか、異議決定や申請等の審査のために行う一連の行為も含まれることに留意する。

(3) 上記(1)に掲げる調査のうち、次のイ又はロに掲げるもののように、一連の行為のうちに納税義務者に対して質問検査等を行うことがないものについては、法第74条の9から法第74条の11までの各条の規定は適用されないことに留意する。

イ 更正の請求に対して部内の処理のみで請求どおりに更正を行う場合の一連の行為。

ロ 期限後申告書の提出又は源泉徴収に係る所得税の納付があった場合において、部内の処理のみで決定又は納税の告知があるべきことを予知してなされたものには当たらないものとして無申告加算税又は不納付加算税の賦課決定を行うときの一連の行為。

前記の傍線部分（筆者加筆）は、Q1－1でみました「法的三段論法」に基づく作業であることを意味しています。つまり、国税職員が、処分を行う目的で、①法令の解釈（大前提）、②証拠資料の収集と要件事実の認定（小前提）および③法令の適用（当てはめ）を行う、一連の行為を指すということです。一般的に「調査」というと、次に言及する臨場調査をイメージしますが、国税通則法がいう「調査」とは、それだけにとどまらないということです。

2 任意調査と強制調査

国税通則法第7章の2に規定されている質問検査権に基づく調査は、いわゆる「任意調査」と呼ばれるものです。これに対して、国税犯則取締法に基づく国税査察官（いわゆるマルサ）の調査（臨検、捜索、差押え）は「強制調査」と表現されます。

前者「任意調査」の「任意」については、調査を受けるか受けないかを任意に選択できるという意味ではありません。調査担当者が納税者の了解なしに勝手に帳簿や物を検査することができないという意味においての「任意」です。つまり、調査担当者は「質問検査権」を行使することができ、合理的な理由なく質問検査を拒否した場合には、罰則規定が適用されます（Q3－2）。

3 任意調査の種類

「任意調査」およびその種類は法的に定義されているわけではありません。しかし、一般的に、任意調査は、「特別調査」と「一般調査」に区分されています。

「特別調査」は、主に所得もれが多額であることや、悪質な不正計算や所得もれ等が見込まれる場合に行われるもので、他部門の人員も含めて編成された「特別班」が調査にあたります。調査期間は、比較的長くなります。

「一般調査」は、通常は、実地調査（表①）と机上調査に区分されます。

以上の他に、署内で、申告書等を確認して臨場調査に向けた論点を抽出する「準備調査」や店舗や事業所を外から観察する「外観調査」などといった調査もあります。

4 調査と行政指導との違い

調査は、前記1のとおり、通達で「国税に関する法律の規定に基づき、特定の納税義務者の課税標準等又は税額等を認定する目的その他国税に関する法律に基づく処分を行う目的で当該職員が行う一連の行為（証拠資料の収集、要件事実の認定、法令の解釈適用など）をいう。」と定められているとおり、処分を目的として行われる行為を指します。

（表①）

臨場調査	原則として事前通知があります。調査の対象となっている納税者の自宅、事業所、本社等に調査担当者が臨場して調査を行うもので、国税通則法第74条の9第1項の「実地の調査」が、通常、これにあたります。
反面調査	調査対象となる納税者の取引先（下請業者、銀行等含む）に対する調査で、納税者本人への調査で疑義が生じている事項について確認することが主な目的です。 本人調査の前に反面調査を行うことについて、判例は、客観的な必要性があると認められるときには問題がないとの立場をとっています。

これに対して、行政指導は、納税者の自発的な行為を促す目的でされるものであり、例えば、提出された申告書に計算誤り、転記誤り、記載もれおよび法令の適用誤り等の誤りがあるのではないかと思われる場合に、修正申告書の自発的な提出を要請するものです。

調査手続が法定化されている現在においては、納税者に対して調査または行政指導のいずれに当たるのかが説明されることになっています（平成24年9月20日課総2－36他「調査手続等に関する当面の事務実施要領について（指示）」第1編2【TAINS H240920課総2－36】）。

5 審査請求における国税審判官の質問検査権

原処分に不服があって国税不服審判所に審査請求をした場合、国税審判官は質問検査権を行使して事件について調査する場合があります。審判官の質問検査権は、課税処分のための質問検査権（通法74の2）ではなく、権利救済のための質問検査権であり、質問検査の対象者は「その他の参考人」などと広くとられています（通法97）。所得税等の質問検査権と対象者を比較してみましょう（表②）。

なお、前記1のとおり、異議申立ての際に異議担当者が行う調査は、審理のための質問検査等（通法97）ではなく、通常の個別税法に係る調査と同様の質問検査権です（通法74の2等）。

(表②)

通法 74 の 2《当該職員の所得税等に関する調査に係る質問検査権》1 項 1 号	・所得税の納税義務がある者 ・納税義務があると認められる者等 ・源泉徴収票等を提出する義務がある者 ・納税義務がある者（あると認められる者）に金銭や物品の給付をする義務があったと認められる者等
通法 97《審理のための質問、検査等》1 項 1 号	・審査請求人 ・原処分庁 ・関係人 ・その他の参考人

Q3-2 税務調査を拒むとどうなりますか？

A 課税庁職員の質問検査権の行使を拒むなどした場合は、1年以下の懲役または50万円以下の罰金に処せられます。

解説

1 質問検査権に基づく質問への応答拒否等

国税通則法第7章の2の質問検査権の行使による調査は、一般的に任意調査と呼ばれていますが、調査を拒んでもよいというものではありません。国税通則法は、質問検査権に基づく職員の質問に対して答弁せず、もしくは偽りの答弁をし、または検査等の実施を拒み、妨げ、もしくは忌避等した者については、1年以下の懲役または50万円以下の罰金に処すると規定しています（通法127二）。

また、調査担当者が、物件の提示または提出を求めたにもかかわらず、正当な理由なく納税者がこれを拒否した場合についても前記と同様に、1年以下の懲役または50万円以下の罰金に処することとされています（通法127三）。

例えば臨場調査の場で納税者が帳簿の提示を拒んだ場合、調査担当者としては、納税者の反対を押し切って実力行使によって帳簿を検査することはできません。しかし、罰則規定がありますから、間接的な強制力はあります。

なお、どのような場合に正当な理由があるとされるのかについては、個々の事案に即して判断されることになりますが、例えば、提示・提出を求めた帳簿書類等が、災害等により滅失・毀損するなどして、直ちに提示・提出することが物理的に困難であるような場合などは正当な理由に当たるとされています。

2 国税審判官の職権調査に対する罰則

審判官が審理のために行う質問、検査等に対して、審査請求人等以外が、答弁せず、もしくは偽りの答弁をし、または検査を拒み、妨げもしくは忌避等した場合、もしくはその検査に関して偽りの記載もしくは記録をした帳簿書類を提示した場合には、その者は30万円以下の罰金に処せられます（通法128）。審判官の調査については、個別税目における通常の調査と異なり、懲役刑の定めはありません。

また、審査請求人本人や、一定の特殊関係者については、この罰則から除外されている点も特徴的です。その代わりに、請求人等が質問検査に応じない場合、そのことで請求人等の主張の全部または一部について主張の基礎を明らかにすることができないときは、その部分の主張を採用しないという規定が置かれています（通法97④）。

3 その他

(1) 私物であることが拒否理由になるか

質問検査の範囲、程度、時期、場所等については、質問検査の必要があり、かつ、これと相手方の私的利益との衡量において社会通念上相当な限度にとどまる限り権限ある税務職員の合理的な選択に委ねられているものと解されています。

したがって、まず、その私物を検査する必要があるという税務職員の判断に合理性があるかが問題となり、また、当事者や利害関係人の私的な利益とのバランスを考えて結論が出されることになります。もっとも、納税者がこの点を理由に調査の違法を主張したとしても、多くの場合、社会通念上相当な限度を超えた違法はないと判断されています（※1）。

(2) 医師・弁護士の業務上の秘密に関する帳簿書類等の提示は拒めるか

前記(1)のとおり、質問検査の範囲等は、税務職員の合理的な選択に委ねられていると解されており、また、調査担当者には、調査を通じて知った秘密を漏らしてはならない義務が課されています。

そして、医師、薬剤師、医薬品販売業者、助産師、弁護士、弁護人、公証人等については、正当な理由なく、その業務上取り扱ったことについて知り得た人の秘密を漏らしたときは、6月以下の懲役または10万円以下の罰金に処せられると規定されています(刑法134①)。

そうしますと、医師が調査担当者の求めに応じてカルテの開示をすることが、正当な理由に当たるのかが問題となります。このような場合、例えば、カルテに自由診療の収入金額に係る事項が記載されており、調査担当者がその開示を求めているのであれば、カルテの開示は正当な理由に当たるでしょう。例えば、歯科医師のカルテが「事業に関する帳簿書類その他の物件」に当たると判断した裁判例があります(※2)。

※1　例えば、最高裁平成6年6月24日判決　税資201号561頁【TAINS Z201－7354】

※2　東京高裁平成2年2月27日判決　税資175号870頁【TAINS Z175－6457】

Q3-3 税務調査には必ず事前通知がありますか？

A 原則として事前通知はありますが、課税の公平確保の観点から、一定の場合には事前通知は行われません。

解説

1 実地の調査に関する事前通知

税務署長は、実地の調査（当該職員の質問検査権による質問・検査または物件の提示若しくは提出の要求）を行う場合には、原則として納税者に対して、相当の時間的余裕を置いて、調査を行う旨とともに、①実地の調査の開始日時、②調査の場所、③調査の目的、④調査の対象税目、⑤調査の対象期間、⑥調査の対象となる帳簿書類その他の物件、⑦調査の適正かつ円滑な実施に必要なものとして政令で定める事項を通知するものと規定されています（通法74の9①）。

この通知は、通常、電話等で行われますが、納税者に直接電話による事前通知を行うことが困難と認められる場合には、書面が郵送される場合もあります（※1）。また、納税者から合理的な理由を付して、調査の日時や場所を変更するよう求めがあった場合には、日程等を調整することとされており、個々の実情を斟酌した上で、調査日時等の変更が可能かについて検討されます。もっとも、納税義務者の単なる多忙は、合理的な理由には当たらないとされています（※2）。また、調査日時の変更が認められなかったことについて不服申立てをすることはできません。

なお、事前通知の対象は、更正決定等を目的とする調査のほか、異議決定や申請等の審査のために行う調査（更正の請求に対する調査等）も含まれます（※3）。

2 事前通知を要しない実地の調査

税務署長等が、調査対象となる納税者の申告や、過去の調査結果の内容またはその営む事業内容に関する情報その他の情報に鑑みて、調査の事前通知をすることが違法または不当な行為を容易にし、正確な課税標準等または税額等の把握を困難にするおそれその他国税に関する調査の適正な遂行に支障を及ぼすおそれがあると認める場合には、事前通知を要しないとされています（通法74の10）。

上記の「営む事業内容に関する情報」とは、例えば、事業の規模または取引内容もしくは決済手段などの具体的な営業形態が該当しますが、単に不特定多数の取引先との間で現金取引をしているというだけでは、事前通知を要しない場合に該当するとはいえないとされています（※4）。

情報公開請求により入手された「税務調査手続等に関するFAQ（職員用）共通」（平成24年11月国税庁課税総括課）によれば、事前通知を要しない調査の適否検討については、決済手段のみならず、内外観調査を含めた資料情報、過去の調査状況、申告内容等から総合的に判断されます。この場合、「過去に不正計算があった」、「同業者に不正計算が多い」、「法人成りする以前の個人事業において多額の不正があり、原始記録等も破棄していた等」といった理由は判断の一要素に過ぎません。なお、法令上、事前通知を行わないこととした理由を説明することは規定されていませんが、運用上、調査対象となる税目・課税期間や調査の目的などについては、臨場後速やかに説明することとされています。

3 実地の調査以外の調査

実地調査以外の調査に関する事前通知については、法令上、規定がありません。ただし、運用上の対応として、納税義務者に来署を依頼する場合には、その連絡の際などに、調査対象となる税目・課税期間や調査の目的等を説明することとされています。

また、取引先などに対する反面調査についても、一部の間接諸税を除き、事前通知に関する法令上の規定は設けられていません。しかし、運用上は、原則として、あらかじめその対象者に連絡を行うこととされています。

4 事前通知された事項以外の事項に係る調査

実地の調査を行っている際に、事前通知した事項以外の事項について非違が疑われることとなった場合には、通知をしないで質問検査等を行うことは認められています（通法74の9④）。ただし、その場合も、調査担当者は納税義務者に対して、調査対象に追加する税目、期間等を説明し、理解と協力を得た上で、調査対象に追加する事項についての質問検査等を行うものとされています（※5）。

※1 「税務調査手続に関するFAQ（税理士向け）問12」

※2 「税務調査手続等に関するFAQ（職員用）【共通】平成24年11月国税庁課税総括課」問1－

49（TAINS 税務調査手続等FAQ H241100共通01）

※3 「国税通則法第7章の2（国税の調査）関係通達（法令解釈通達）」（平成24年9月12日課総5－9等）4－1

※4 「国税通則法第7章の2（国税の調査）関係通達（法令解釈通達）」（平成24年9月12日課総5－9等）4－7

※5 「調査手続の実施に当たっての基本的な考え方等について（事務運営指針）」（平成24年9月12日課総5－11）第2章3の(2)

Q3-4 なぜ、納税者が希望しているのに、第三者が税務調査に同席することができないのですか？

A 調査対象となる帳簿等には納税者だけでなく、取引先等の秘密も含まれることが一般的です。第三者が調査に立ち会うことで、調査担当者に課せられた守秘義務に抵触する可能性があるからです。

解説

1 同席は全く認められないのか

国税庁が一般納税者向けに公表している「税務調査手続に関するＦＡＱ（問33）」（※）によると、調査担当者に課せられている守秘義務に抵触する可能性がある場合には、単なる立会いであっても第三者の同席を断るとされています。もっとも、調査を円滑に進めるために、調査担当者が必要と認めた範囲での同席は認められることはあるようです。

2 立会拒否は違法か

調査立会いを拒否されたことを理由に納税者が争った事例をいくつかご紹介しましょう。いずれも、納税者の言い分は認められていません。（傍線部は筆者）

(1) 国税不服審判所平成19年10月3日裁決（国税不服審判所ホームページ）

〈裁決要旨〉

請求人は、①調査担当者が守秘義務を根拠に、立会人の排除に応じないことを理由に調査しないのは違法であり、仮に、調査担当者に守秘義務があるとしても、請求人自身が立会人の同席を認めていたので、調査担当者の守秘義務は解除されていたはずである、②調査担当者は請求人を一度調査しただけで、請求人に対して何らの予告をせずに、請求人宅に臨場した翌日から早々と取引先等を調査したのは違法である、及び③結果、立会人の排除を求めただけで帳簿の内容すら確認せず、その後も請求人の納得のいくような説明がないまま行われた一方的な調査に基づく更正処分は違法である旨主張する。

しかしながら、①調査担当者は、第三者の立会いを認めることは守秘義務違反及び税理士法違反になることを理由に第三者を退席させた上での帳簿等の提示を求めており、違法な結果の発生を防止するために必要な措置であって何らの違法も認められず、また、守秘義務の対象となる秘密には、納税者自身の秘密のほか納税者の取引先等の秘密も含まれると解され、たとえ請求人が立会いを希望しても、取引先等に関する秘密はなお保護しなければならないこと、②消費税法第62条に定める取引先等に対する調査に関して、その時期、納税者への予告の要否などの実施の細目について実定法に特段の定めはなく、本件調査は、調査担当者が繰り返し第三者を退席させた上で帳簿等を提示するよう請求人に求めたが、請求人が立会いに固執し帳簿等を提示しなかったため、調査担当者は帳簿等の検査が困難となり、取引先等の調査をすることがある旨告げた後に取引先等に対して調査を開始したことが認められ、これらの事情に照らせば、取引先等に対する調査の必要性があり、かつ、その方法も社会通念上相当なものであったと認められ、違法があったとは認められないこと、及び③本件調査において質問調査及び帳簿調査ができなかったのは、調査担当者の再三の求めにもかかわらず、請求人が自らの都合を理由に日程変更を依頼し、又は何の応答もしなかった結果であると認められ、このような経緯に照らせば、調査担当者に与えられた質問検査の範囲、程度に関する裁量権の範囲の逸脱があったとは認められないことからすれば、本件調査の手続について何らの違法又は不当は認められず、この点に関する請求人の主張には理由がない。（平19・10・3東裁（諸）平19－39）

(2) 国税不服審判所平成23年6月22日裁決（国税不服審判所ホームページ）

請求人は、原処分の調査時に、調査担当者が質問検査権を理由に第三者の立会いを認めなかったことは違法である旨主張する。しかしながら、所得税の調査において、税理士資格のない第三者の立会いを認めるか否かなどの実定法上特段の定めのない実施の細目については、質問検査の必要と相手方の私的利益との比較衡量において、社会通念上相当な限度にとどまる限り、権限ある税務職員の合理的な判断にゆだねられていると解するのが相当であり、本件においては、調査担当職員は、請求人及び取引先等に関する秘密を守る等の配慮から、法律上守秘義務を負わない第三者の立会いを認めなかったものであるから、この判断は合理的なものと認められる。（平23・6・22沖裁（所）平22－5）

(3) 長崎地方裁判所平成22年10月26日判決（国家賠償請求訴訟）（税資260号11539順号）（TAINS Z260－11539）

税務職員が税務調査において質問検査に第三者を立ち会わせることの可否については実定法上の定めがなく、この点は税務職員の合理的な裁量に委ねられているものと解すべきところ、税務職員が、国家公務員法（同法100条1項、109条12号）、所得税法（同法243条）、消費税法（同法69条）又は税理士法（同法52条、59条3号）に抵触するおそれがあるとして質問検査において第三者の退席を求めることは、税務職員に委ねられた合理的裁量を逸脱又は濫用したものとは認められず、かつ、相手方の私的利益との衡量において社会通念上相当な限度を逸脱したと認められないため、違法とはならないというべきである。

(4) 東京高裁昭和53年10月31日判決（損害賠償等請求訴訟）（訟月24巻12号2589頁）（TAINS Z103-4265）

税務調査にあたっては、調査の内容が本人の営業上の秘密のほか、取引の相手方である第三者の秘密にわたることが決して少なくなく、このため調査に徒事する税務職員に対しては一般公務員よりも重い守秘義務が課せられ、また、税理士に対しても同様の守秘義務が課せられている。これに対して、事務局員らには、もとより、このような法律上の規定による秘密を守ることの担保はなく、たとえ調査の対象者が同意しているからといって、取引先等、第三者の秘密をさらすことは適当ではない。したがって、一般に事務局員らの調査立会は許されないものというべきである。

3 税理士法との関係

調査に立ち会って、納税者の代わりに主張や陳述を行うことを「業とする」場合、それは税理士業務に該当します。

「業とする」とは、有償無償にかかわらず、反復継続して行うこと、あるいは反復継続して行う意思を持って行うことをいいます。

> 税理士法基本通達2－1（税理士業務）
>
> 税理士法（以下「法」という。）第2条に規定する「税理士業務」とは、同条第1項各号に掲げる事務（電子情報処理組織を使用して行う事務を含む。）を行うことを業とする場合の当該事務をいうものとする。この場合において、「業とする」とは、当該事務を反復継続して行い、又は反復継続して行う意思をもって行うことをいい、必ずしも有償であることを要しないものとし、国税又は地方税に関する行政事務に従事する者がその行政事務を遂行するために必要な限度において当該事務を行う場合には、これに該当しないものとする。

※　ホーム＞「国税通則法等の改正（税務調査手続等）」について＞税務調査手続に関するＦＡＱ（一般納税者向け）(https://www.nta.go.jp/sonota/sonota/osirase/data/h24/nozeikankyo/ippan02.htm)

Q3-5

法人の調査で、代表者の個人通帳を見せてほしいと言われました。見せなければなりませんか?

A

法人代表者の個人預金に事業関連性が疑われる場合は、法人税調査に係る調査権限は個人預金にも及ぶと考えられています。協力的に提示するほうが良いでしょう。

解説

1 「調査」の範囲

法人税の調査権限が及ぶ範囲は、次のとおりです（通法74の2①二）。

イ　法人
ロ　当該法人に対し、金銭の支払若しくは物品の譲渡をする義務があると認められる者又は金銭の支払若しくは物品の譲渡を受ける権利があると認められる者したがって、代表者が、ロに該当すると解されれば、調査権限は及ぶことになります。また、所有と経営が分離していない同族会社の場合は、その法人の役員名義と法人名義との間に明確な線引きができていないことが多いというのは公知の事実とする判例もありますので、代表者の個人通帳に調査権限が及ばないとまではいえないと考えられます。

調査担当者としては、強く拒否することでかえって、個人預金に何かあるのではとの疑念を抱く可能性もあります。また、調査する気になれば、銀行調査で確認することができるのですから、結局のところ、調査をスムーズに進めるためには、求められれば提示するほうが良いということになります。

（参考事例）

同族会社およびこれと類似し経営の実体が個人営業と大差のない法人ならびにこれらの法人の役員個人の所得または財産に関する法人税、所得税、相続税、贈与税等については、納税義務者が法人でなければ役員個人、役員個人でなければ法人という二者択一の関係にある場合の多いことは公知の事実である。かかる場合に、たとえば法人税の担当職員が法人を特定の隠蔽財産に関する納税義務者と認めて法人役員につき調査した結果、当該役員の個人財産であるとの回答を得たときは、必然的に役員個人を納税義務者とする他の国税につき調査をした結果を招来するのであつて、かかる結果を一概に違法視することはかえつて国税の公平な賦課を阻害することとなり、許されないものといわなければならない。（昭和45年7月16日名古屋高裁（TAINS Z060－2589）（行集21巻7・8号1033頁）

2 国税庁の見解

国税庁の「税務調査手続に関するFAQ（一般納税者向け）」によれば次のとおりです。

問7　法人税の調査の過程で帳簿書類等の提示・提出を求められることがありますが、対象となる帳簿書類等が私物である場合には求めを断ることができますか。

法令上、調査担当者は、調査について必要があるときは、帳簿書類等の提示・提出を求め、これを検査することができるものとされています。

この場合に、例えば、法人税の調査において、その法人の代表者名義の個人預金について事業関連性が疑われる場合にその通帳の提示・提出を求めることは、法令上認められた質問検査等の範囲に含まれるものと考えられます。

調査担当者は、その帳簿書類等の提示・提出が必要とされる趣旨を説明し、ご理解を得られるよう努めることとしていますので、調査へのご協力をお願いします。

Q3-6 調査担当者が（納税者の）自宅に来ると言っています。それは、普通のことですか？

A

税務調査の場所は、調査の目的などの一定の事情を考慮して、権限ある税務職員の合理的な選択に委ねられていると解されています。特に、相続税調査の調査範囲は、相続人の財産や土地等に及びますので、自宅が調査範囲となることも一般的です。

解説

1 相続税の調査の場合

自宅に入ってもらいたくないということを合理的に説明できるのであれば、調査場所の変更は、認められるかもしれません（通法74の9②）。しかし、相続税の調査範囲は、相続人の財産や土地等にも及びますので（通法74の3①一）、相続税調査で自宅に税務調査担当者が訪問することは、特別なことではありません。

なお、正当な理由がないのに、調査担当者の質問検査権の行使を妨げたりしますと、1年以下の懲役または50万円以下の罰金とされています（通法127）。

2 他税目で自宅調査は拒めるか

自宅に税務調査に来られるというのは、誰しも気持ちが良いものではないと思います。では、一般的に、自宅調査を拒めるのでしょうか。

参考となる事例がないか、国税不服審判所の裁決要旨検索システムを使って調べてみましょう（図参照）。

まず、国税不服審判所のホームページ（http://www.kfs.go.jp/）を開き、メニューの「裁決要旨の検索」を選択します。

次に、「裁決要旨検索システムへ」のボタンをクリックして「キーワード検索」ボタンをクリックします。

検索条件を入れる画面が出てきますので、関連性のあるキーワードを入れてみます。ここでは、税目や他の項目は選択せずに、キーワード欄のみ「調査　自宅　臨場」と入れてみます。なお、間にスペースを入れるのは、「ＡＮＤ」の意味です。入力したキーワード全てを含む事例が抽出されます。

(図)

②キーワード
「調査」
「自宅」
「臨場」
国税不服審判所
裁決要旨検索システム
トップページ | 操作要領 | 省略用語例 | システム終了
争点番号検索へ
キーワード検索
1. 税目
全税目
特定税目
国税通則法 所得税法 法人税法 相続税法等 消費税法等 国税徴収法
(注) 1.「相続税法等」には、相続税法、登録免許税法、有価証券取引税法、地価税法が含まれます。
2.「消費税法等」には、消費税法、印紙税法、揮発油税法、石油ガス税法、物品税法、酒税法、自動車重量税法が含まれます。
2. キーワード
入力欄
調査 自宅 臨場
(注) 1. 複数のキーワードで検索を行う場合は、それぞれのキーワードをスペースで区切って入力して下さい。
例:「国税 返還」
2. OR条件で検索を行う場合は、"or"で区切って入力して下さい。
例:「国税 or 返還」
3. 裁決結果
結果指定なし
結果指定あり
全部取消し 一部取消し 棄却 却下 変更
(注) 1.『結果指定あり』を選択した場合は、該当する結果を指定してください。
2. 裁決結果は、裁決書としての「区分」を表示したものですから、検索した個々の「裁決要旨の内容」と一致していない場合もあります。
例:裁決書に複数の処分が存在し、うち一つの処分が「全部取消し」であれば、他の処分が「一部取消し」や「棄却」であっても、裁決結果には「全部取消し」と区分表示しています。
4. 裁決期間
平成27年3月26日 平成26年7月から9月までの裁決事例の追加等
平成27年3月6日 パンフレット等の最新版の掲載について
平成27年1月5日 熊本国税不服審判所の移転のお知らせ
平成26年12月18日 平成26年4月から6月までの裁決事例の追加等
平成26年11月21日 「平成25事務年度 国税庁が達成すべき目標に対する実績の評価書（抜粋）」の掲載について
平成26年9月30日 平成26年1月から3月までの裁決事例の追加等
平成26年9月26日 現職の国税審判官（特定任期付職員）からのメッ
Q&Aコーナー
公表裁決事例等の紹介
公表裁決事例集
公表裁決事例要旨
公表裁決事例
裁決要旨の検索
その他の情報
調達情報
情報公開
①

そうしますと、裁決要旨が複数ヒットしました。本文が公開されているものは、「事例集搭載頁」の文字が青字となり、本文にリンクが貼ってありますので、裁決の中身を読むこともできます。

さて、こうやって検索した事例から、参考になりそうな裁決をご紹介しましょう。福岡　裁決番号（平１４００１５）裁決年月日（平１５０２２０）の本文を見てみますと、次のようなことが書いてあります。

> 法人税法第１５３条及び第１５４条には、法人の納税地の所轄税務署の当該職員は、法人税に関する調査について必要があるときは、法人や取引先等に対して質問し、又は検査することができる旨規定されている。また、消費税法では第62条に同様の規定がある。そして、法人や取引先等に対する質問検査の範囲、程度、時期、場所等のその実施の細目については実定法上これを定めた規定がなく、これらは、調査の目的に照らし、質問又は検査の必要性があり、かつ、調査の必要性と被調査者の私的利益との衡量において社会通念上相当な限度にとどまる限り、権限ある税務職員の合理的な選択にゆだねられているものと解されている。

（＊）税務調査の規定であった法人税法第１５３条、第１５４条、消費税法第62条は、平成23年12

月の税制改正で国税通則法に集約されましたので、現在は、国税通則法第74条の2以降に該当します。

この事案は、同族会社である納税者が、調査担当者が代表取締役の自宅に臨場したことについて、質問検査権の範囲を逸脱している等として調査手続の違法を主張していたものです。審判所は、上記のように判示し、本件では、調査担当者が自宅に臨場したことについて、格別不相当とするような事情は認められないなどとして、納税者の主張を排斥しています。

要するに、①調査の目的に照らして自宅に臨場する必要があること。および、②調査の必要性と納税者の私的利益との均衡において社会通念上相当な限度にとどまっていること。の要件を満たしていれば、自宅に臨場するかどうかについては、調査担当者の裁量に委ねられているということです。なお、納税者が事前通知された調査場所等の変更を求める場合、納税義務者等の業務上やむを得ない事情がある場合は、合理的な理由があるものとして扱われます（通法7章の2関係通達4－6）。

なお、「調査の目的」については、行政内部の文書「税務調査手続等に関するFAQ」【TAINS税務調査手続等FAQ H241100共通01】に、次のような記載があります。これによると「調査の目的」は、個別具体的な内容が通知されるものではないことがわかります。

問1−19　納税義務者から、「調査の目的」である選定理由の説明をしてほしいと言われた場合、どのように対応すればよいのか。

（答）

「調査の理由」については、法令上の通知事項ではないことを説明した上で、改正通則法施行令第30条の4第2項において、「調査の目的」については「納税申告書の記載内容の確認又は納税申告書の提出がない場合における納税義務の有無の確認その他これらに類する調査の目的」を通知することとされていること、また、判例上も、実定法上特段の定めのない調査の実施の細目については、質問検査の必要があり、かつ、これと相手方の私的利益の衡量において社会通念上相当な範囲にとどまる限り、権限ある税務職員の合理的な選択に委ねられている旨を納税義務者に丁寧に説明の上、調査への理解と協力を求めることとします。

Q3-7 「質問応答記録書」の写し（コピー）はもらえますか？

A 写しをもらうことはできません。

解説

1 「質問応答記録書」の性質

調査手続が厳格化されて以降、国税当局は、「質問応答記録書」に関して、「質問応答記録書作成の手引について（情報）」（国税庁　課税総括課情報　第3号　平成25年6月26日）（※1）といった文書を作成して、調査担当者への取扱いの周知を図っています。

それによれば、質問応答記録書は、「調査担当者と納税義務者等の応答内容を記録し、調査関係書類とするために調査担当者が作成した行政文書であり、納税義務者等に交付することを目的とした行政文書ではない」ということを理由に、調査時に写しは交付しないこととされています。署名押印前のものも同様です。

なお、質問応答記録書は、「聴取書」「質問てんまつ書」「確認書」「申述書」などと実質的には同じものです。

2 開示請求

調査担当者から質問応答記録書の写しをもらうことはできませんが、自分の個人情報の開示請求として「質問応答記録書」の開示を求めることができます（前掲「質問応答記録書作成の手引について」問28）。

具体的には、「保有個人情報開示請求書」（※2）に必要な事項を記載して、個人情報保護窓口（※3）に郵送または直接持参します。一定の本人確認書類が必要です。

3 後から訂正できるか

質問応答記録書に署名押印したあとに、その質問応答記録書自体に直接訂正や変更を求めることはできません。その場合は、必要に応じて新しい質問応答記録書が作成されるか、自ら文書を作成して調査担当者に提出するなどの方法を採ることになります。

※1　TAINSコード【H250626課税総括課情報】

※2　保有個人情報開示請求書
国税庁ホームページ＞調達・その他の情報＞個人情報の保護＞開示請求等の手続
https://www.nta.go.jp/sonota/kojinjoho/tetsuzuki/03.htm

※3　窓口一覧
国税庁ホームページ＞調達・その他の情報＞情報公開＞情報公開・個人情報保護窓口
https://www.nta.go.jp/sonota/sonota/johokokai/madoguchi/index.htm

コラム　情報公開法と個人情報保護法

個人情報保護法（正式名称「個人情報の保護に関する法律」）は、個人情報の取扱いに関する基本理念などを規定する部分（基本法）と、民間事業者における個人情報の取扱いを規定する部分（一般法）から構成されています。

同法の目的は、個人の権利利益を保護することであり、本人が自己の個人情報の開示を請求することを権利として定めたものです。なお、行政機関における個人情報開示のルールは、個人情報保護法を基本法として、「行政機関の保有する個人情報の保護に関する法律」が規律しています。

なお、情報公開法は、政府がその活動について国民一般に説明する責任を全うすることが目的とされており、何人についても行政文書の開示を請求する権利を定めたものです。

行政機関における個人情報開示を規律する保護法と、情報公開法の開示請求制度には、左表のような違いがあります。

個人情報保護法制の体系

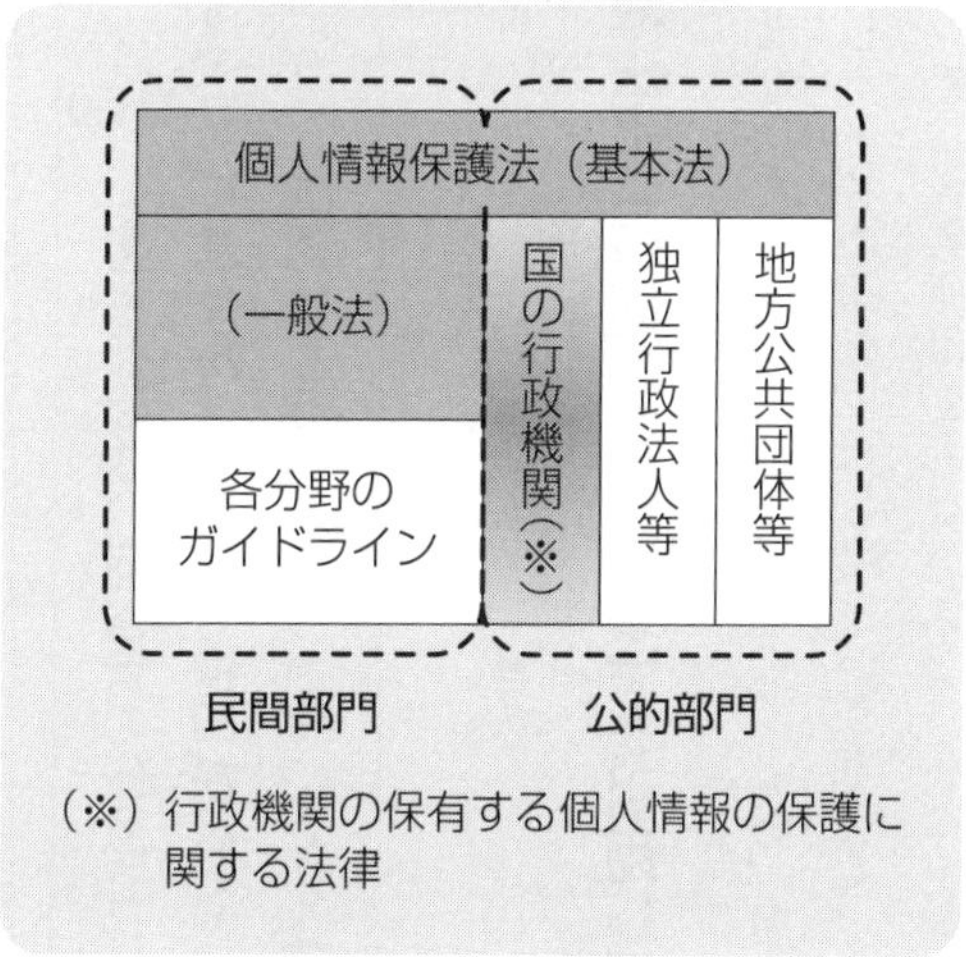

	行政機関の保有する個人情報の保護に関する法律	情報公開法
開示請求者	本人	誰であるかを問わない
開示請求の対象	行政文書に記載された「保有個人情報」のみ	「行政文書」
不開示の判断基準	本人に開示することによる支障の有無を判断	公にすることによる支障の有無を判断

（参考）
総務省ホームページ「情報公開制度について」
消費者庁ホームページ「個人情報の保護」

Q3-8 質問応答記録書への署名押印は拒否しても大丈夫ですか？

A 署名押印は、回答者の任意で行うべきものであり、強要されるものではありません。ただし、押印がなくとも証拠となり得ますので、記載内容は十分確認しておいたほうが良いでしょう。

解説

1 裁決で「質問応答記録書」を引用している事例

争いとなった場合、署名押印がなくとも、質問応答記録書の記載内容はひとつの証拠になりますし、署名押印を拒否したという事実も、その理由と併せてひとつの証拠となります。したがって、署名押印をするかしないかにかかわらず記録内容は確認しておくべきです。

なお、質問応答記録書に記載されたものは、人の発言ですから、その内容がそのまま事実として認定されるわけではありません。他の証拠に照らして、その信用性が判断されます。

信用性を判断した裁決事例を紹介します。これらは、審判所のホームページ「裁決要旨検索システム」で、キーワード「質問てん末書」で抽出したものです。

（事例1）

販売促進費（バックリベート）が必要経費に算入できるか否かで争われた事例では、調査担当者は、理事長にリベートを受領したかを質問し、理事長は受領したことはないと回答した質問てん末書を作成しました。そして、原処分庁は、その回答を事実として処分を行いました。

これについて審判所は、「事案の性質上、関係者の申述を慎重に検討すべきであったが、質問てん末書によれば、調査担当職員は理事長に対し、リベート等の金銭の受領があったかと質問しただけで、受領していない旨の理事長の回答を鵜呑みにし、他に質問をしていない。」として、他の証拠を検討していれば、回答の信用性が認められないことに気付けたはずであると述べています。（平成25年6月6日裁決【ＴＡＩＮＳ Ｆ０－１－５２８】審判所ホームページ要旨のみ）

（事例2）

法人（甲）の関係法人からの仕入れについて、仕入税額控除の可否が問題となった事例では、甲の代表者は、関係法人には実体がない、つまり、仕入税額控除が認められないような趣旨の回答をしました。

審判所は、自らの調査によれば、関係法人には実体があると判断した上で、代表取締役から録取した質問てん末書のみを根拠として、甲の関係法人からの商品仕入れを否定することはできないと判断しました。（平成17年2月9日裁決　審判所ホームページ要旨のみ）

〔事例3〕

納税者の主張は、妻に自宅を売却したというものでしたが、原処分庁は調査時に、妻の「自分が自宅を購入した事実はない」旨の質問てん末書を作成していました。

審判所は、妻が突然の調査担当者の来訪に混乱していたという納税者の主張を認めず、妻の申述に係る質問てん末書は信ぴょう性が認められると判断しました。（平成24年7月9日裁決　審判所ホームページ公表裁決）

2 納税者が署名押印を拒否した場合に調査担当者はどうするのか

税務署の担当者が参考にする、「質問応答記録書作成の手引」（TAINS H250626課税総括課情報）には、次のような記載があります。

まず、調査担当者は、納税者に対して署名押印を強要していると受け止められないように留意しなければなりません。

「手引」奥書の記載例

①回答者が署名押印を拒否した場合（各ページの確認印の押印も拒否）

問○ 答○	以上で質問を終えますが、何か訂正したい又は付け加えたいことはありますか。 ありません。 回答者 以上のとおり、質問応答の要旨を記録して、回答者に対し読み上げ、かつ、提示したところ、回答者は「(例)内容は間違いありませんが、家族から判子を押すなと言われているので署名押印したくありません。」旨申し述べ署名押印を拒否し、確認印の押印も拒否した。 平成 25 年○月○日（又は「前同日」） 質問者　××税務署　財務事務官　国税一郎　㊞ 記録者　××税務署　財務事務官　税務次郎　㊞

②回答者が署名押印を拒否した場合（各ページの確認印の押印には応じる）

問○	以上で質問を終えますが、何か訂正したい又は付け加えたいことはありますか。
答○	ありません。 回答者 以上のとおり、質問応答の要旨を記録して、回答者に対し読み上げ、かつ、提示したところ、回答者は「(例)内容は間違いありませんが、署名押印については家族と相談しないとできません。」旨申し述べ署名押印を拒否し、各頁に確認印を押印した。 平成25年○月○日（又は「前同日」） 質問者　××税務署　財務事務官　国税一郎　㊞ 記録者　××税務署　財務事務官　税務次郎　㊞

そして、納税者が署名押印を拒否した場合、担当者は奥書にそのことを記載します。また、納税者が拒否理由を述べたり、署名押印は拒否したが記載内容に誤りがないことを認めたりした場合には、その旨を記載します。

なお、納税者が「回答の中に正確でない部分がある」ことを理由に署名押印を拒否した場合は、質問応答記録書に記載された事項の全ての信頼性が失われるので、具体的に正確でない部分を特定し、新たな質問を行って正確な回答やその要因を記録します。

Q3-9 修正申告の勧奨（・しょうよう）に応じなければ、更正処分されるのですか？

A 修正申告の勧奨に応じない場合は、基本的には更正処分がされることになります。

解説

1 修正申告等の勧奨

調査の結果、更正決定等をすべきと認められる非違がある場合は、その非違の内容等（税目、課税期間、更正決定等をすべきと認める金額、その理由等）が原則として口頭で説明されることになります。その際に、必要に応じて修正申告等の勧奨（修正申告等の法的効果の教示を含む。）がされますが、この手続は国税通則法第74条の11《調査の終了の際の手続》第2項によるものです。つまり、課税庁としての、その時点における一定の結論として、具体的理由や金額等が示されているのですから、その前提となる事実関係に相違が生じない限りは、更正処分等が行われることになります。

もっとも、修正申告等の勧奨に応じなかったからといって、後から不利になることはありません。むしろ、納得できない場合は、修正申告をすべきではないでしょう。なぜなら、修正申告を行った場合は、その修正申告について不服申立てをすることはできないからです。

なお、修正申告をした場合でも、更正の請求（通法23）の期間内であれば、更正の請求を行い、その更正の請求に対して「更正すべき理由がない旨の通知処分」を受けた場合には、その通知処分を対象に不服申立てをすることはできます。ただし、更正処分の場合には原則として立証責任は課税庁側にありますが、更正すべき理由がない旨の通知処分の場合には納税者側に立証責任があると解されています。（Q1－3）

2 電話による修正申告の勧奨

税務署は、調査ではなく行政指導の一貫として、納税者に申告書の内容の見直しを要請した上で自発的な修正申告書の提出を要請するケースがあります。このような場合の修正申告書の提出要請は、調査の一連の手続とは異なるものですから、必ずしも更正処分等が行われるものとは限りません。

税務署からの接触が、行政指導または調査のいずれに当たるのかについては、納税者に明

〈非違が認められる場合の流れ〉

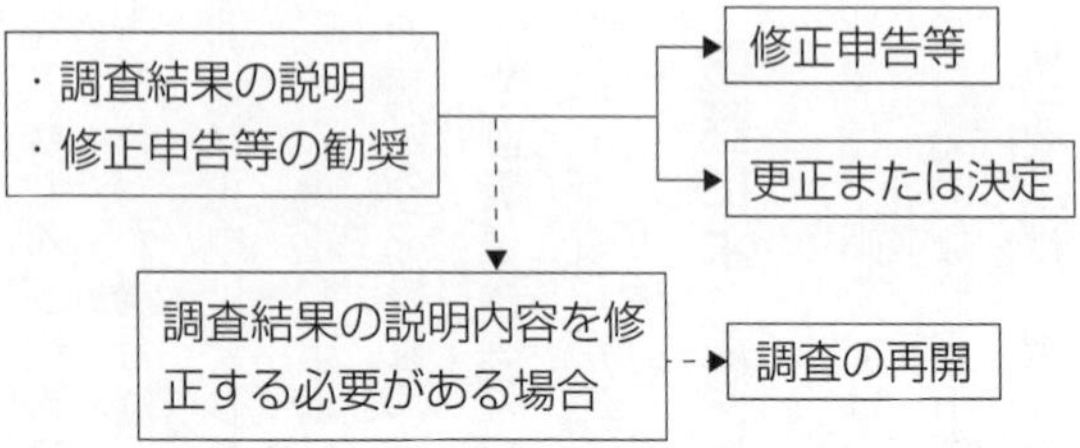

示されることになっています。また、原則として、行政指導、つまり調査が開始されていない段階で自主的に修正申告書を提出する場合には、国税通則法第65条5項により、過少申告加算税が免除されます（Q3－12）。

3 調査の再開

前記1の調査結果の内容の説明があった後に、納税者が修正申告等を行うまでの間または更正決定等がされるまでの間に、その説明の前提となった事実が異なることが明らかとなり、調査内容の説明の根拠が失われた場合など、いったん行った調査結果の内容の説明を修正する必要がある場合は、必要に応じて、調査が再開され、その結果に基づいて、再度、調査結果の内容の説明が行われることになります。（上図参照）

4 修正申告の勧奨（・しょうよう）を巡る争い

調査担当者が修正申告や期限後申告を勧奨することができる旨

規定されたのは、平成23年12月改正（平成25年1月1日施行）で、それ以前は、法定化されていませんでした。次の事例は改正前のものですが、事例として紹介します。

(1) 国税不服審判所平成10年12月11日裁決（要旨のみ）

○　請求人は、調査担当者が加算税の賦課決定を取引手段として修正申告（書）の提出を求めたことは職権濫用である旨主張するが、そのような事実は認められないことから請求人の主張は採用できない。（平10・12・11名裁（諸）平10－35）

(2) 国税不服審判所平成15年9月12日裁決（要旨のみ）

○　請求人は、原処分庁の職員が調査期間中に行った修正申告のしょうよう内容と全く異なる更正処分は不当である旨主張する。しかしながら、原処分庁は、請求人が修正申告のしょうように応じなかったことから、更に調査を進めた結果、申告書に記載された課税標準額等が調査したところと異なるために本件更正処分を行ったものであり、本件更正処分は適法である。（平15・9・12東裁（所）平15－61）

Q3-10 調査中に修正申告をした場合、具体的な指摘前であれば、過少申告加算税はかかりませんか？

A 調査開始後の修正申告書の提出は、原則として更正予知に当たるものとして過少申告加算税の対象となりますが、納税者が更正予知ではないことを反証できれば、国税通則法第65条第5項により加算税は免除されます。

解説

1 過少申告加算税が免除される趣旨

国税通則法第65条第5項は、自発的な修正申告については、徴収事務の能率性や納税者へのインセンティブから過少申告加算税を課さないと規定しています。

また、同趣旨で無申告加算税や不納付加算税を軽減する旨の規定が置かれています（無申告加算税は国税通則法第66条第5項、不納付加算税は同法第67条第2項）。

条文を図解しますと図①のとおりですので、確認してみましょう。

なお、この論点に関しては、国税庁の課税総括課情報【ＴＡＩＮＳ Ｈ２５０６２８課税総括課情報】は、別個の要件だと解しています。そして、図②のように図解します（「加算税賦課に係る事実認定に当たっての留意事項（情報）」１⑴）。以下、ここではこれを、「課税総括課情報」といいます。

しかし、過去の裁判や裁決の事例から考えますと、調査の有無に関する要件と更正予知の有無に関する要件は必ずしも独立した要件とは解されていません。相対的なものと解するような事例もあります。

なお、実務上はいわゆる一連の加算税通達（※）が参考になります。

（参考事例） 東京地裁平成14年1月22日（訴月50巻6号1802頁）（ＴＡＩＮＳ Ｚ２５２－９０４８）

……課税庁が当該納税者を具体的に特定した上でする直接的な調査でなくても、当該調査が、客観的にみれば当該納税者を対象とするものと評価でき、納税者が自らの申告に対して更正のあるべきことを予知できる可能性があるものである限り、「調査」に該当するというべきである。

(図①)

国税通則法第65条第５項

第１項の規定は、修正申告書の提出があった場合において、その提出が、その申告に係る国税についての調査があったことにより当該国税について更正があるべきことを予知してされたものでないときは、適用しない。

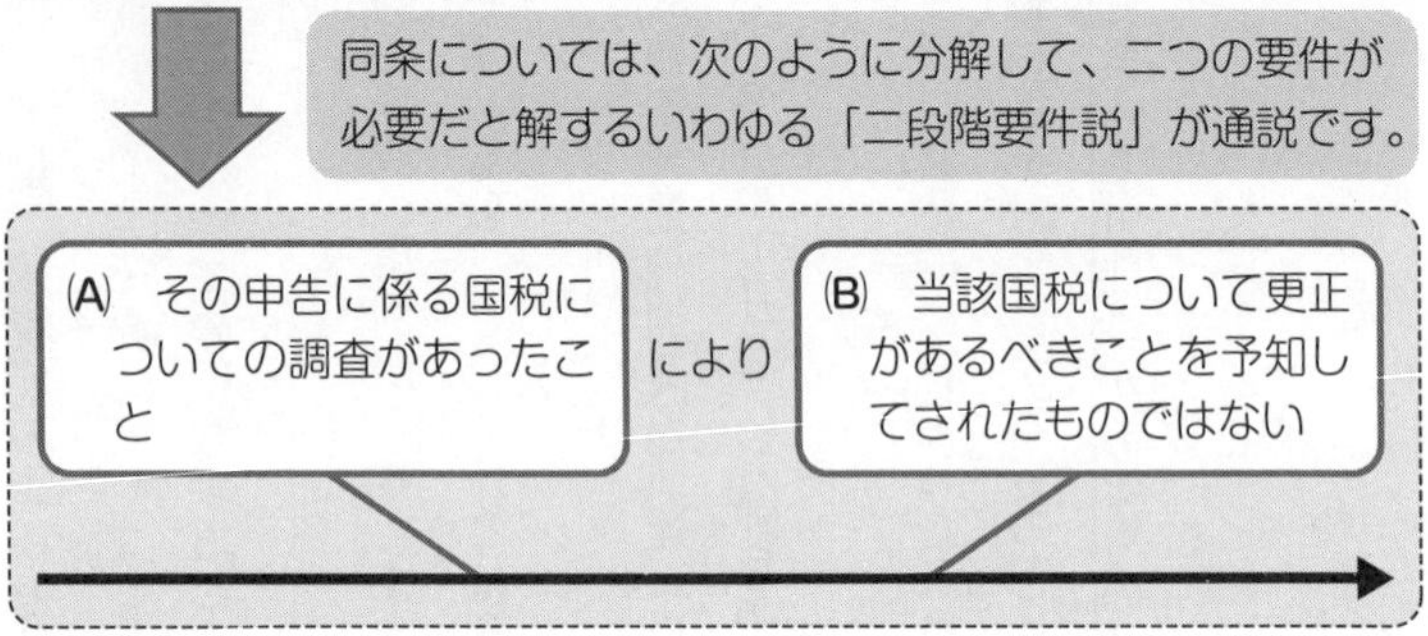

同条については、次のように分解して、二つの要件が必要だと解するいわゆる「二段階要件説」が通説です。
(A) その申告に係る国税についての調査があったこと
により
(B) 当該国税について更正があるべきことを予知してされたものではない

(図②)

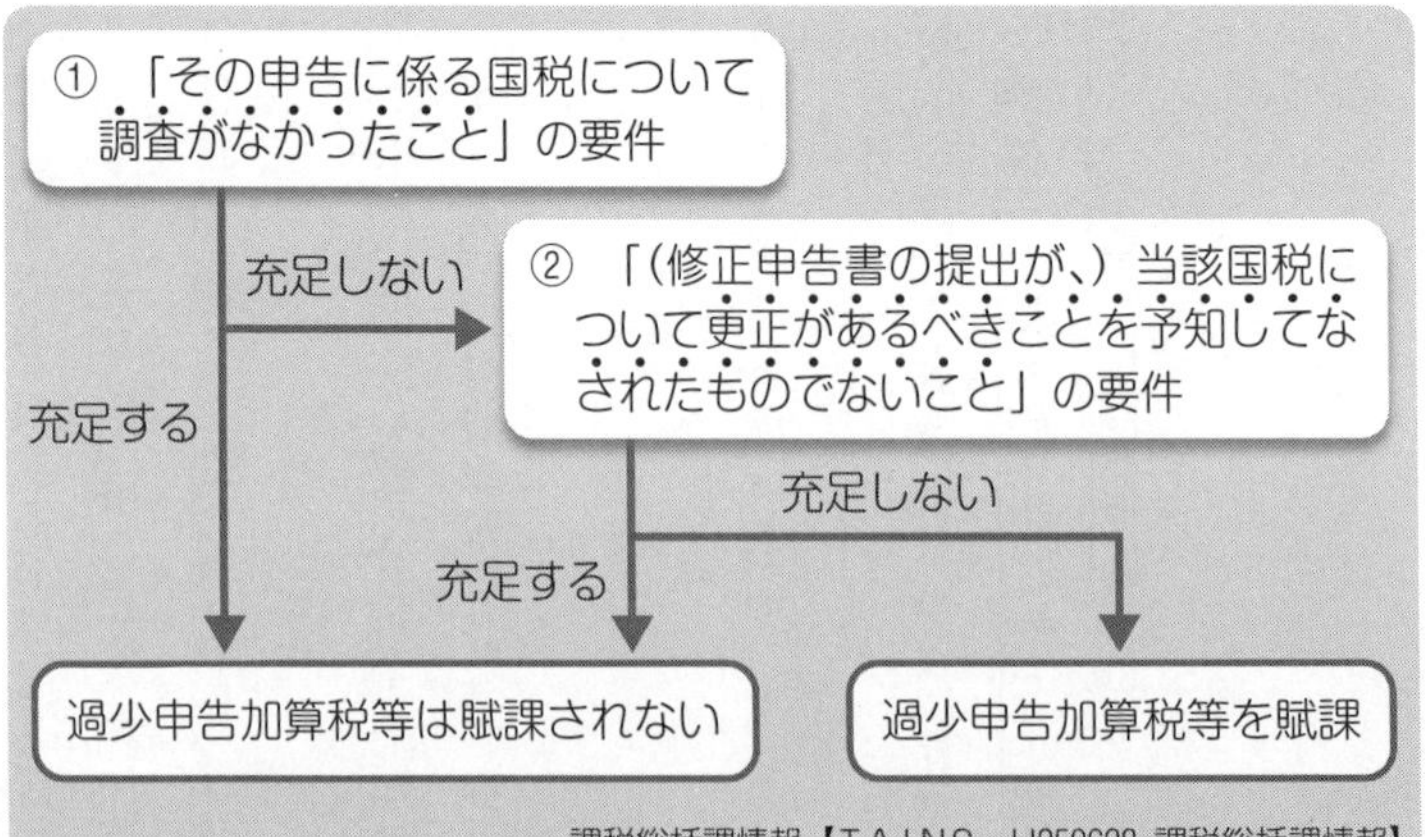

① 「その申告に係る国税について調査がなかったこと」の要件
充足しない
② 「（修正申告書の提出が、）当該国税について更正があるべきことを予知してなされたものでないこと」の要件
充足する
充足しない
充足する
過少申告加算税等は賦課されない
過少申告加算税等を賦課

課税総括課情報【TAINS H250628 課税総括課情報】

2 実務上の指針

一連の加算税通達は、次のような場合は、原則として国税通則法第65条第5項の適用はない、つまり、更正を予知したものとして加算税は課されると整理しています。

(A)
・納税者への臨場調査
・取引先の反面調査または納税者の申告書の内容検討をした上での非違事項の指摘等

により

(B)
納税者が調査のあったことを了知したと認められた後に修正申告書を提出した場合

ここでの留意点は、(A)については、調査の事前通知を経た本人への調査のみならず、反面調査やいわゆる机上調査の上で非違事項の指摘等があった場合も納税者本人にとっての「調査」と捉えていることです。

また、(B)の「了知したと認められた」については「了知」する主体は納税者ですが、その状態を「認める」のは課税庁や第三者（審判所や裁判所）です。つまり、「納税者が了知した」

と言えるような一定の客観的証拠が必要だということです。

納税者本人への調査宣言があれば、それだけで客観的に「納税者が了知した」ということになりますが、反面調査や机上調査などについては、通常は納税者が了知し得ないものです。非違事項の指摘後が更正予知に当たるであろうことは容易に理解できますが、他に、例えば、反面調査先から納税者に反面調査に来たとの連絡が入ったなどの客観的証拠が認められると、更正予知に当たる可能性が高いと考えられます。

なお、各加算税通達によれば、臨場のための日時の連絡を行った段階で修正申告書が提出された場合には、原則として、「更正があるべきことを予知してされたもの」に該当しません。もっとも、前記(A)および(B)の条件を満たしていても、つまり、調査後の修正申告書の提出であっても、例外的に国税通則法第65条第5項が適用されて加算税が課されないケースもあります（3の東京地裁判決参照）。

また、課税総括課情報には、「調査があったこと」に当たると評価できるケースが例示されています。次に、これに掲載された図（図③・④・⑤）を紹介いたします。

図③は、納税者甲の相続税調査の過程で、相続人甲自身の所得税の申告もれが把握され、課税庁が甲の所得税調査に移行する旨を通知する前に甲から所得税の修正申告書が提出されたケースを示しています。

このような場合は、通常、甲自身の所得税調査は開始されていないということになりますが、甲に対する調査も行われていたと評価される場合もあるということです。

図④は、法人・甲の法人税調査において、甲の代表者・乙が申告納税すべき相続税にかかる課税財産の端緒を課税庁が把握し、乙に対して相続税調査が行われることを連絡する前に乙から相続税の修正申告書が提出されたケースを示しています。

このような場合は、通常、乙自身の相続税調査は開始されていないということになりますが、乙に対する調査も行われていたと評価される場合もあるということです。

図⑤は、丙の調査において、甲社に対する不審な外注費の支払が把握されたために、甲社に反面調査を行ったところ、結果的に、法人・甲の申告もれが判明し、甲社に対して甲社自身の調査が行われることを連絡する前に甲社から修正申告書が提出されたケースを示しています。

このような場合は、通常、甲社自身の法人税調査は開始されていないということになりますが、甲社自身の納税義務に対する調査が行われていたと評価される場合もあるということです。

〈図③〉 調査宣言していた税目以外の税目について非違の端緒を把握したケース

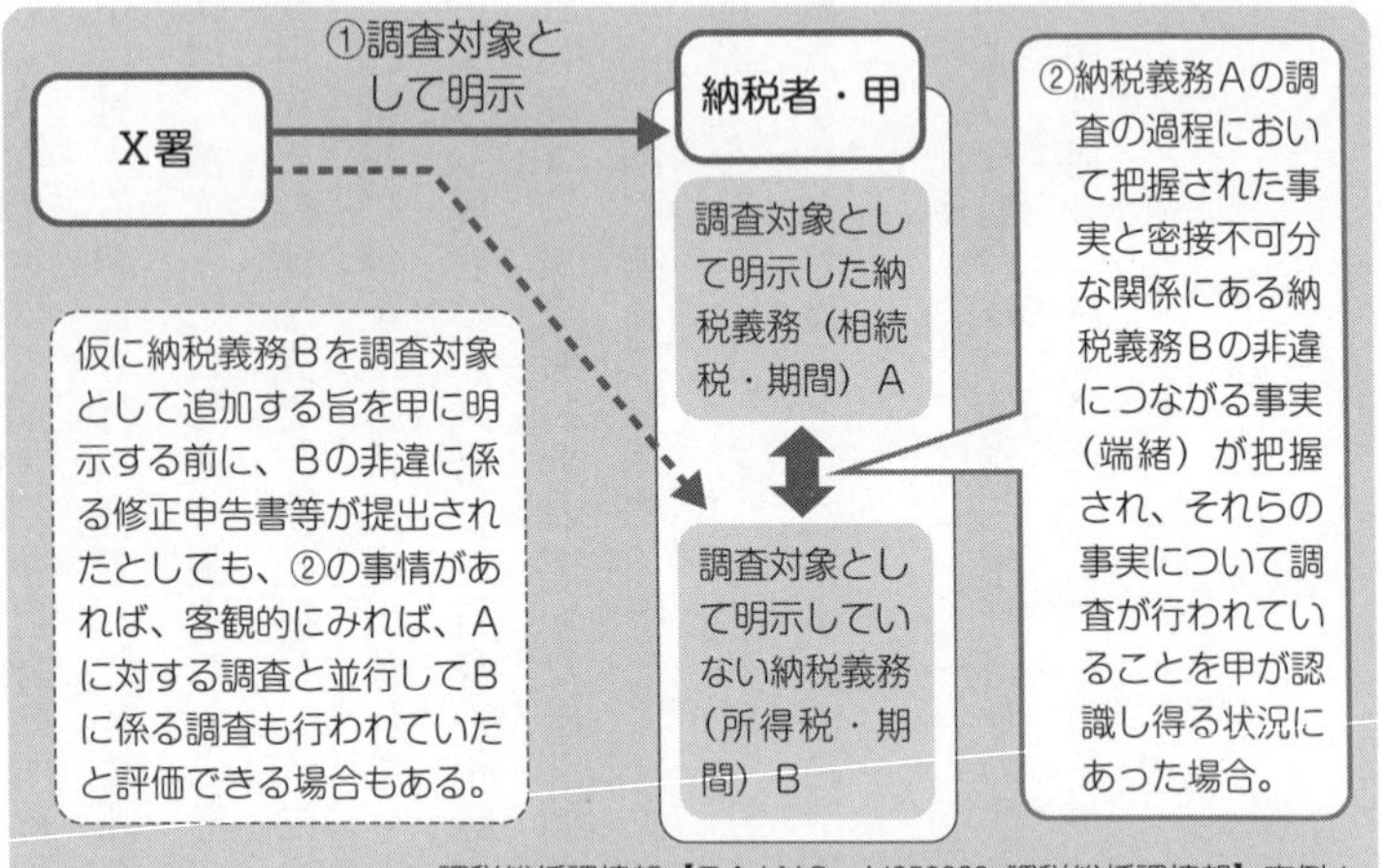

課税総括課情報【TAINS　H250628 課税総括課情報】事例1

〈図④〉 調査対象ではない別の納税者の非違の端緒を把握したケース

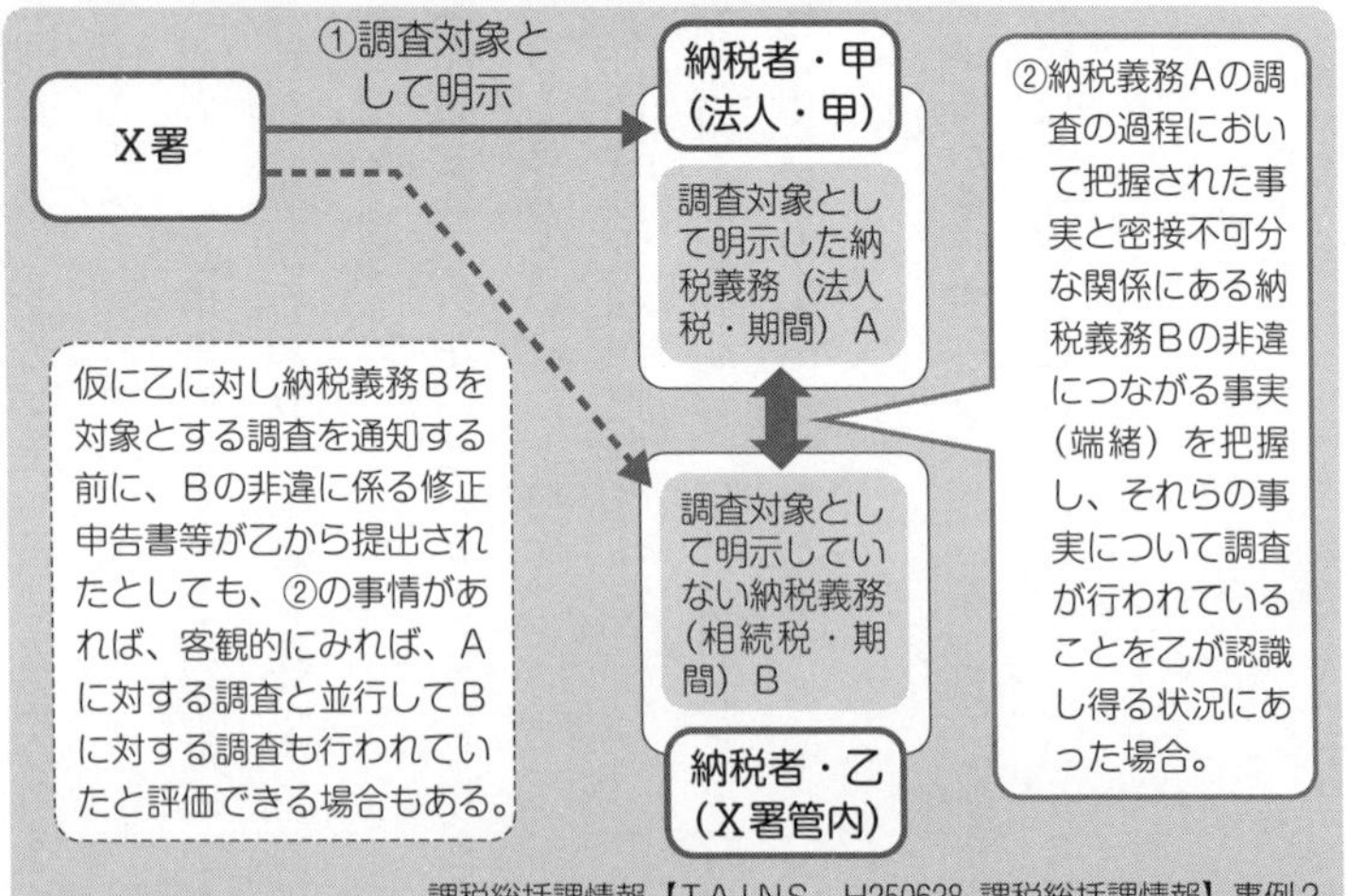

課税総括課情報【TAINS　H250628 課税総括課情報】事例2

〈図⑤〉反面調査の過程で反面調査先の非違の端緒を把握したケース

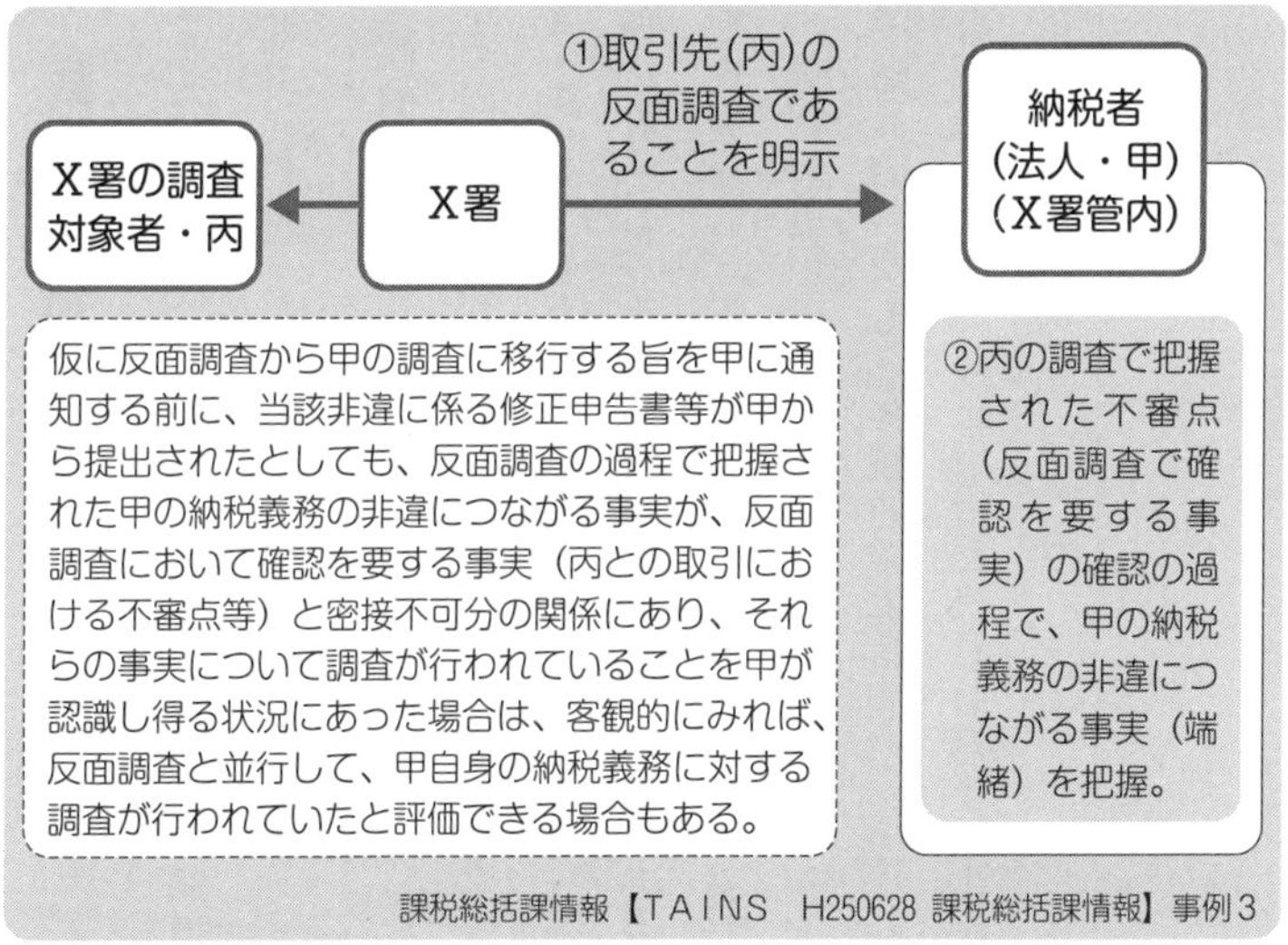

〈図⑥〉客観的確実時期説

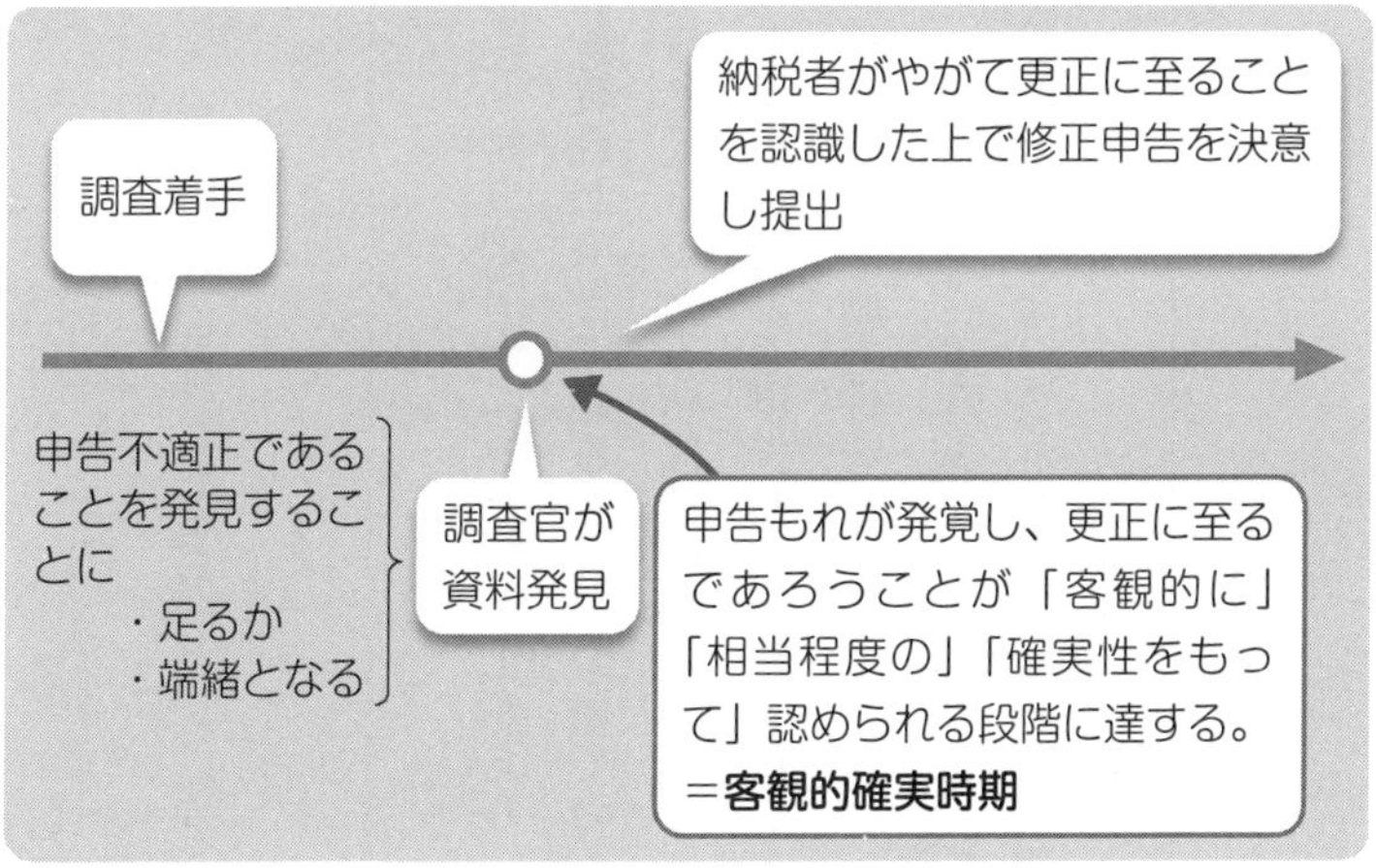

3 裁判所の判断基準

最近の多くの裁判例では、「客観的確実時期説」（図⑥）といわれる判断基準が用いられています。

〈客観的確実時期説〉

「その申告に係る国税についての調査があったことにより当該国税について更正があるべきことを予知してされたものでないとき」とは、税務職員が申告に係る国税についての調査に着手し、その申告が不適正であることを発見するに足るかあるいはその端緒となる資料を発見し、これによりその後の調査が進行し先の申告が不適正で申告漏れの存することが発覚し更正に至るであろうということが客観的に相当程度の確実性をもって認められる段階（いわゆる「客観的確実時期」）に達した後に、納税者がやがて更正に至るべきことを認識した上で修正申告を決意し修正申告書を提出したものでないことをいうものと解するのが相当である。

（参考事例） 東京地裁平成24年9月25日判決（ＴＡＩＮＳ Ｚ２６２－１２０４６）（判時２１８１号77頁）

原告は、増加償却に係る特例適用のための要件である届出書を不提出のまま、増加償却の適用を前提とした申告書を提出していました。

原告は、法人税の調査期間中に法人税の修正申告書を提出しましたので、これが、過少申告加算税の免除要件とされる「その提出が、その申告に係る国税についての調査があったことにより当該国税について更正があるべきことを予知してされたものでないとき」（通法65⑤）に該当するか否かが争点となりました。

裁判所は、届出書が不提出であったことのみで特例の要件を満たさないことになるから、その不提出が発見されるであろうことが客観的に相当程度の確実性をもって認められる段階に達していたかどうかについて検討しました。そして本件では、調査担当者が確定申告書等を収集していたことや、減価償却計算の適否に係る調査を行っていたことをもって、届出書の不提出が発見されるであろうことが客観的に相当程度確実であったとは認められないなどとして、過少申告加算税の賦課決定処分を取り消しました。

※ 加算税通達

●平成12年7月3日付課所4－16「申告所得税の過少申告加算税及び無申告加算税の取扱いについて（事務運営指針）」https://www.nta.go.jp/shiraberu/zeiho-kaishaku/jimu-unei/shotoku/shinkoku/000703/01.htm

●平成12年7月3日付課法2－9「法人税の過少申告加算税及び無申告加算税の取扱いについて（事務運営指針）」https://www.nta.go.jp/shiraberu/zeiho-kaishaku/jimu-unei/hojin/000703/01.htm

●平成12年7月3日付課資2－264「相続税、贈与税の過少申告加算税及び無申告加算税の取扱いについて（事務運営指針）」https://www.nta.go.jp/shiraberu/zeiho-kaishaku/jimu-unei/sozoku/000703/01.htm

●平成12年7月3日付課消2－17「消費税及び地方消費税の更正等及び加算税の取扱いについて（事務運営指針）」https://www.nta.go.jp/shiraberu/zeiho-kaishaku/jimu-unei/shozei/010329-2/01.htm

●平成12年7月3日付課法7－9「源泉所得税の不納付加算税の取扱いについて（事務運営指針）」https://www.nta.go.jp/shiraberu/zeiho-kaishaku/jimu-unei/shotoku/gensen/000703/01.htm

Q3-11 納税者や税理士の発言は、証拠になりますか？

A

なり得ます。

例えば、調査担当者等は、「質問応答記録書」（質問てん末書）という形で納税者等の発言を証拠化します。また、調査担当者が記載する調査記録書における納税者等の発言についても、証拠として扱われる場合があります。

解説

1 証拠の種類

「証拠」とは、一般的に、裁判所や審判所による事実認定のための材料をいいますが、契約書などの物的な証拠だけでなく、人の発言（供述・申述・答述等）といった人的な証拠も事実認定の材料、つまり証拠となります。

もっとも、人の発言は、立場や状況によって変わってくる可能性が高く、通常は、他の客観的な証拠（文書、メール、書面、契約書等）に照らして、その信用性が判断されて事実認定の材料となります。

2 供述の信用性判断のポイント

一般論になりますが、供述等の信用性は次のような観点から判断されることになります。なお、供述した人と納税者との間に利害関係があるかどうかもポイントとなります。

(1) 供述内容と客観的証拠との整合性

次の事例のように、答述内容が具体的かつ詳細であり、その他の関係証拠とも整合する場合には、その供述の信用力は増すことになります。

支部名	仙台	裁決番号	平200008	裁決年月日	平210128	裁決結果	棄却
争点番号	300504990	争点	5益金の額の範囲及び計算／4その他の資産の譲渡収益／2その他				
事例集登載頁	裁決事例集No.77・518ページ						
裁決要旨							

○請求人は、車両が自損事故により走行不能となったので、名称等は失念したが現地の解体業者に5万円で売却した旨主張する。しかしながら、買い取ったL社の営業担当者Tは、当該車両の買取りのために請求人の事務所に赴き、請求人の常務取締役と名刺を交換し、買取価格を交渉した結果、最終的に195万円で買い取ることが決定したので代金を現金で当該常務取締役に支払い、当該車両の臨時のナンバープレートを付けて搬送した旨答述しており、このL社の営業担当者Tの答述内容は、具体的かつ詳細である上、その他の関係証拠とも符合するものであり、不自然・不合理な点がないことから信ぴょう性があると認められる。よって、請求人は、当該車両を195万円で買取業者に売却したと推認するのが相当であり、原処分は適法である。（平21・1・28仙裁（法・諸）平20−8）

⑵ 自己に不利益な事実を述べる供述

次の事例では、請求人は、自ら実体のない工事代金を請求させていたといった自己に不利益な事実を答述しています。このような場合、一般的に信用性は高いと評価されます。

支部名	熊本	裁決番号	平080012	裁決年月日	平081217	裁決結果	一部取消し
争点番号	30020 2139	争点	2所得の帰属／2所得の帰属者／13その他の収益／7その他				
事例集登載頁	裁決事例集には登載しておりません						
裁決要旨	○請求人は、本件金員は代表者個人の金銭貸借に係る貸付金の回収であり、法人の正規の請求書及び領収書が使用されているとしても、当該取引は請求人に帰属するものではなく、また、その収益であると原処分庁が主張する金額は、代表者個人の利子所得である旨主張する。しかしながら、⑴請求人が主張する貸付先は、借入金の存在を否定し、かつ、本件取引は、接待交際費のねん出のために請求人に実体のない工事代金を請求させていたことに対する役務の対価であると具体的に自らに不利益となる答述を行っていること、⑵関係人の答述は、⑴をほぼ裏付けるものであること、⑶本件金員は、請求人の営む業態を利用した工事代金の名目で授受されていることから、請求人の事業に付随してなされたと認められること、⑷請求人は、貸付金であることを証明する証拠資料等を提出しないこと等から、請求人が貸付先と称する者の接待交際費ねん出のための一連の行為に協力したことに対する手数料とみるのが相当であり、請求人の主張は採用できない。（平8・12・17熊裁（法・諸）平8－12）						

(3) 供述の変遷

Aさんは、反面調査の際に自分の息子（納税者）に不利な供述をし、その後、それと矛盾する内容を記載した弁明書を税務署に提出しました。

審判所は、供述の変遷に合理的な理由がなければ、最初の供述は自己の息子に不利になるものであり、また、その後に有利になる証言へと変遷していることから、後の弁明書の記載内容は信用できないと判断しています（参考事例（※）の争点3－4）。

(4) 矛盾する二人の供述

請求人が、「住居手当はBに実際に支払った。」と証言し、Bさんは「受領していない。」と供述する場合は、他の客観的証拠に照らして信用性を判断することになります。

例えば、単なる覚書であっても、両者の間で「住居手当を支払う」趣旨の文書が交わされていたり、実際にその金額と一致する金額が請求人の銀行口座から出金されていたりする場合は、請求人の供述が信用できる方向に向かいます（参考事例（※）の争点3－3）。

(5) 供述内容の合理性・具体性

次の事例のように、供述の内容に矛盾がなく、全体として自然なストーリーかどうか、また、供述内容が具体的かどうかも考慮されます。

支部名	名古屋	裁決番号	平230068	裁決年月日	平231222	裁決結果	一部取消し
争点番号	20180 2040	争点	18所得控除／2雑損控除／4雑損控除の適用				
事例集登載頁	裁決事例集には登載しておりません						

裁決要旨

○請求人は、平成18年分の盗難に遭った現金は、請求人の妻が少しずつ手元にある金員を貯めたへそくりであり、盗難に遭ったことは、捜査を担当した警察官が請求人の妻の説明を納得したことからも明らかである旨、平成20年分の盗難による雑損控除の金額は、確定申告相談会場で担当職員が内容を確認した金額である旨主張する。雑損控除に係る損失に関連する具体的な事実及び損失金額は、納税者において主張・立証しなければならないと解されるところ、請求人の主張を裏付けるものは、請求人の妻の答述及び盗難に係る被害を警察へ届け出たことを明らかにするために警察から交付を受けた確認願以外ない。しかしながら、請求人の妻の答述は不自然、不合理なもので直ちに採用することはできず、確認願に記載された被害日時からは、盗難がいつ生じたか不明である。また、雑損控除の金額は、原処分庁の確定申告相談会場で担当職員が内容を確認した金額であるとする点については、納税相談は、税務署側で具体的な調査を行うこともなく、税務署の一応の判断を示すものにすぎず、その申告内容を是認することまで意味するものではない。したがって、請求人の主張にはいずれも理由がない。（平23・12・22名裁（所・諸）平23－68）

（参考事例／平成25年11月27日裁決【国税不服審判所ホームページ】）
http://www.kfs.go.jp/service/JP/93/04/index.html

Q3-12

税務署から電話で申告内容の確認を求められ、誤りがあったので修正申告しました。過少申告加算税はどうなりますか？

A

調査ではなく行政指導として行われたものと考えられます。行政指導の段階であれば、原則として、過少申告加算税はかかりません。

解説

1 税務調査と行政指導の区分

課税庁は、税務調査のほかに、提出された申告書に計算誤り、転記誤り、記載漏れや法令の適用誤り等があるのではないかと思われる場合に、納税者に対して自発的な見直しを要請し、場合によっては修正申告書の自発的な提出を要請することがあります。このような行為のみに起因して、納税者が自主的に修正申告書を提出した場合には、国税通則法第65条第5

項により過少申告加算税は課されないことになります（期限後申告の場合は、無申告加算税5％）。申告書の督促ハガキの送付も行政指導の一環です（「税務調査手続に関するFAQ（職員用）」【TAINS税務調査手続等FAQ H241100共通01】）。

もっとも、税務調査開始の手続の前であっても、納税者に対する調査があったと評価できるようなケースでは、加算税が課される可能性もあります（**Q3－10**）。

なお、納税者への接触に当たっては、調査、行政指導いずれの事務として行うかを明示することとされています（※1）。

2 行政指導から税務調査に移行後の申告書提出

行政指導の段階で修正申告書を提出しておらず、調査に移行すると連絡があった直後に修正申告書を提出した場合はどうなるのでしょうか。

調査宣言の直後で、調査担当者が具体的な非違事項の指摘を行っていないときは、国税通則法第65条第5項の「更正を予知した」に当たらず、過少申告加算税が免除される余地もありそうですが、提出した修正申告書の内容が、行政指導の段階で疑問点として指摘されていた論点であれば、更正があるべきことを予知して修正申告書が提出されたと評価される可能性は高いでしょう。

この点に言及している課税庁内部の資料を紹介しておきます。

「課税総括課情報【TAINS H250628課税総括課情報】「加算税賦課に係る事実認定に当たっての留意事項（情報）」 2 問4」

> 問4 申告内容について税法の適用誤り等があるのではないかと疑われたため、行政指導である旨を伝え、適用要件等を説明の上、適用誤り等が疑われる点を具体的に説明し、自発的な見直しを求めたが、修正申告（書）の提出がなされなかったことから、調査を実施することを明示したところ、その直後に納税者から当該問題点に係る修正申告書が提出された場合、その提出は、「更正があるべきことを予知してなされたもの」と取り扱ってよいか。
>
> 実務においては、行政指導により、納税者に税法の適用誤り等があるのではないかと疑われる点について具体的に説明し自発的な見直しを求めたものの、修正申告等がなされなかったことから、調査を実施することを明示したところ、その直後に該当問題点に係る修正申告書等の提出がなされる場合が考えられます。

このように事前の行政指導の過程において申告内容の疑問点について具体的に説明を行っている場合は、調査を実施することを明示した後に具体的な非違事項の指摘を行っていなかったとしても、通常、納税者は、その調査を実施することを明示した時点において更正があるべきことを予知していたと推認できるため、その修正申告書等の提出は、更正があるべきことを予知してなされたと判断できると考えられます。

ただし、このような場合には、当該納税者から「調査があったことにより更正があるべきことを予知したわけではない」との主張が行われることも考えられますので、調査を実施することを明示した時点（一般的には調査宣言・事前通知時）において、行政指導の過程で説明した非違が疑われる事項の説明（指摘）を改めて実施することが重要です。

3 意見聴取と更正予知との関係

税理士法第30条の税務代理権限証書と同法第33条の2に規定する書面を添付した申告書を提出している場合、無予告調査に当たるものを除き、調査の通知前に、税務代理権限証書を提出している税理士に添付書面に記載された事項に関する意見を述べる機会が与えられます。

調査宣言前にその意見聴取における質疑等のみに起因して修正申告書が提出された場合

は、更正があるべきことを予知してされたものには当たらず、加算税が賦課されることはありません。この点は、国税庁のホームページに明記されています（※2）。

なお、書面添付制度に係る意見聴取の結果、実地の調査が行われるときは、調査に移行する旨および調査の事前通知が行われます。そして、実地調査に移行した場合に、意見聴取時の指摘事項について修正申告をした場合や、後日の調査で、意見聴取時の指摘事項を修正申告した場合には、加算税の対象となります。

※1　平成24年9月12日付課総5－11等「調査手続の実施に当たっての基本的な考え方等について（事務運営指針）」第2章1調査と行政指導の区分の明示
http://www.nta.go.jp/shiraberu/zeiho-kaishaku/jimu-unei/sonota/120912/

※2　国税庁HPトップ＞調達・その他の情報＞税理士制度＞フォローアップ検討会（平成13年度税理士法改正）＞書面添付制度について（33条の2の書面及び35条の意見聴取）

Q3-13 過去の税務調査で是認されている申告内容が、再び調査対象となることはありますか？

A

実地調査の場合、その後に新たに得られた情報に照らし非違があると認められるときには再調査が認められています。一方で、実地調査以外の調査の場合は、新たに得られた情報がなくとも、必要があれば再調査が行われます。

解説

1 過去の調査が実地調査のとき（通法74の11⑥）

ある税目・課税期間について実地調査が終了し、「更正決定等をすべきと認められない」旨を通知する書面を受け取った場合は、原則として、その税目・課税期間について再度の調査が行われることはありません。

しかし、実地調査終了後に、例えば取引先の税務調査で、以前の調査の際には把握されていなかった非違が明らかになったなどといった「新たに得られた情報に照らし非違があると認められる」の要件に該当する場合には、過去に調査の対象となった税目・課税期間であっても再調査が実施されることがあります。

なお、再調査に当たるかどうかは、税目・課税期間により判定されますので、異なる税目の調査は再調査には該当しません（図①）。

2 過去の調査が実地調査以外の調査のとき

平成27年度税制改正において、「新たに得られた情報に照らし非違があると認められるとき」に行うことができる再調査の前提となる調査は実地調査に限定されました。したがって、過去の調査が実地調査以外の調査である場合には、「新たに得られた情報に照らし非違があると認められるとき」に当たらなくとも、必要に応じて再調査が行われることになります（図②）。この場合は、事前通知も行われます。

なお、経過措置として、過去の調査が平成27年4月1日前に行われている場合には、それが実地調査以外の調査であっても、新たな情報がなければ再調査は行われません。

3 今回の調査が反面調査のとき（※1）

今回の調査が反面調査のときは、再調査に当たりません。

〈図①〉

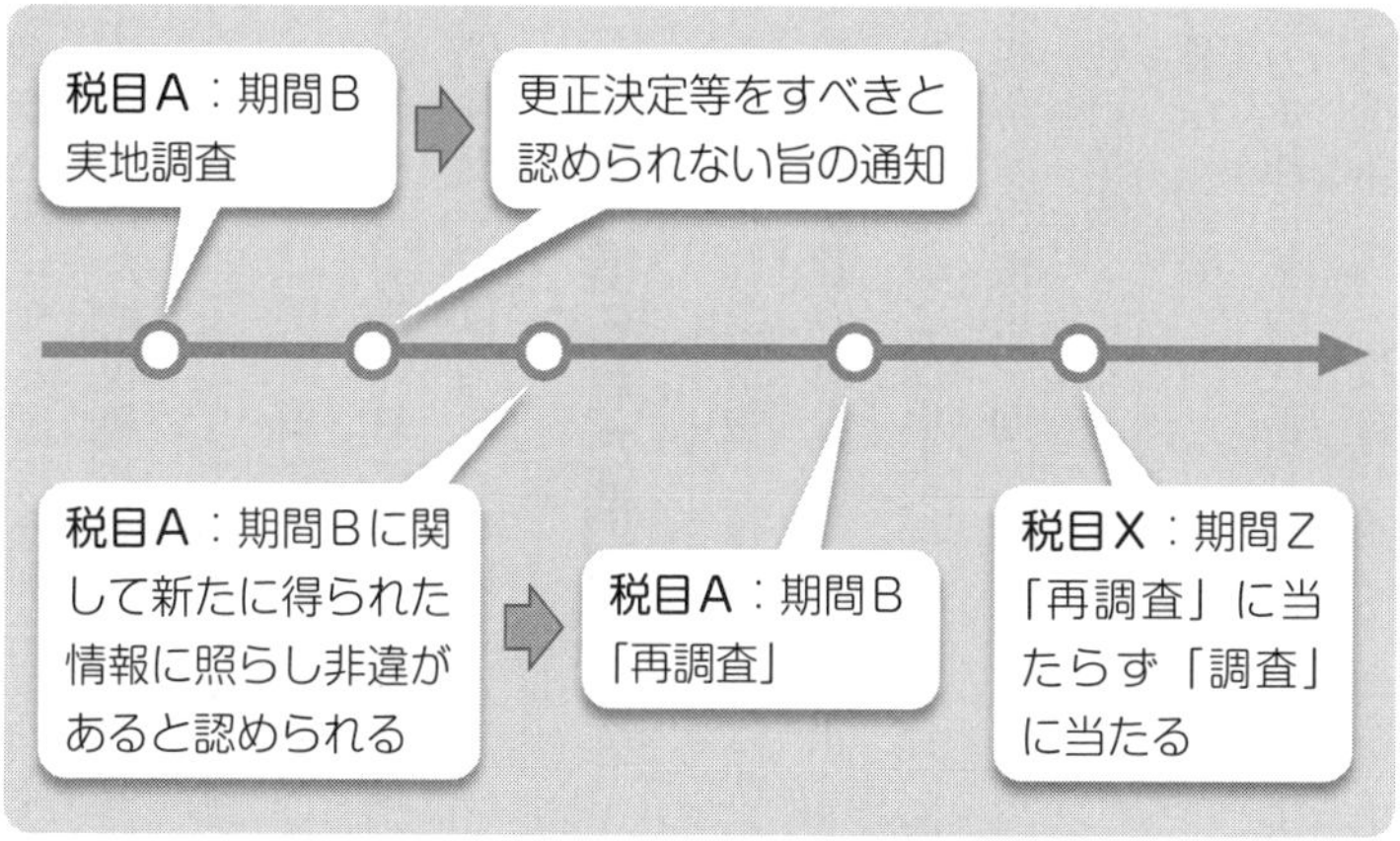
税目A：期間B
実地調査
更正決定等をすべきと
認められない旨の通知
税目A：期間Bに関して新たに得られた情報に照らし非違があると認められる
税目A：期間B
「再調査」
税目X：期間Z
「再調査」に当たらず「調査」に当たる

〈図②〉

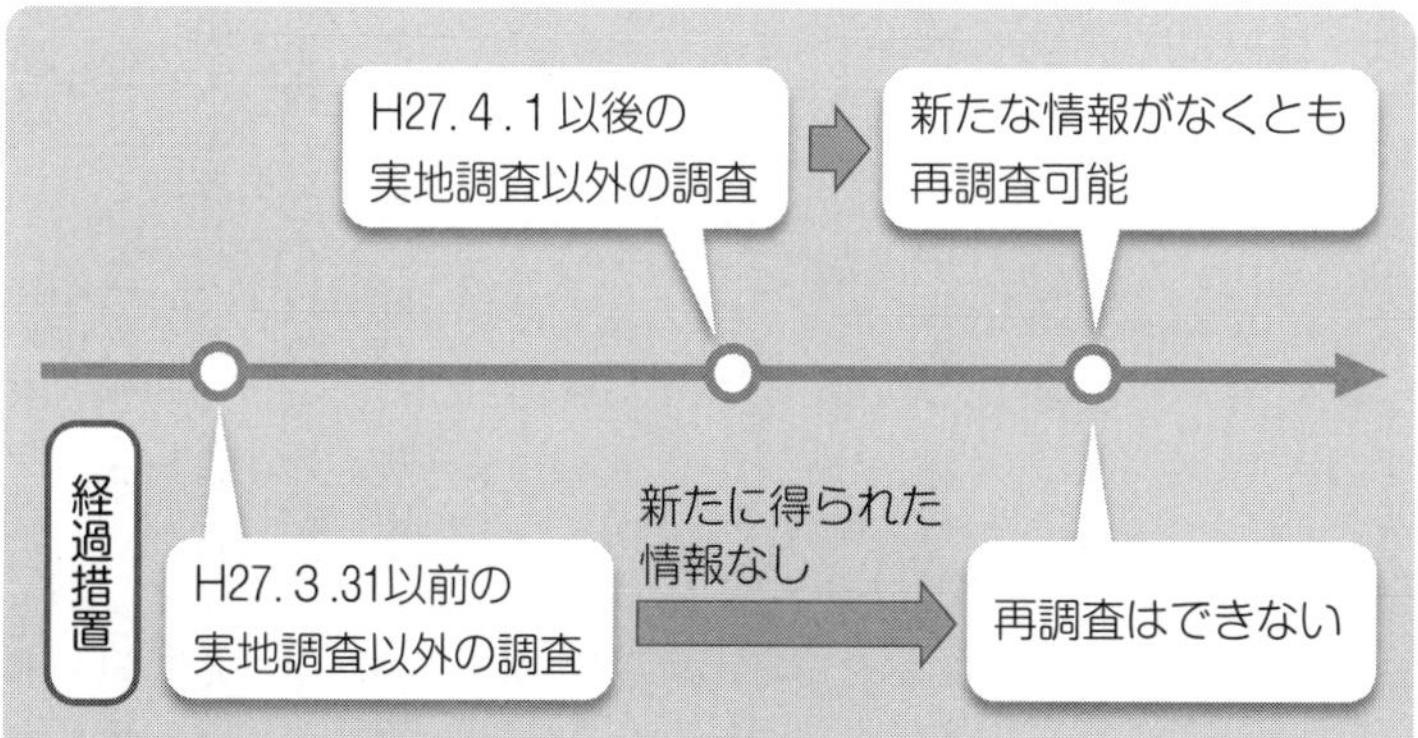
H27.4.1以後の
実地調査以外の調査
新たな情報がなくとも
再調査可能
経過措置
H27.3.31以前の
実地調査以外の調査
新たに得られた
情報なし
再調査はできない

再調査を規定する国税通則法第74条の11第6項は、「…修正申告書の提出…若しくは更正決定等を受けた納税義務者に対し、質問検査等を行うことができる。」と規定しているからです。つまり、「再調査」は、修正申告書を提出する等した納税者に対する質問検査等を指している一方、反面調査は、他の納税義務者に金銭若しくは物品の給付をする義務があったと認められる者等に対する質問検査権の行使であるため、同項に規定する納税義務者に対する質問検査等には当たらないということです。

4 新たに得られた情報（※2）

新たに得られた情報とは、例えば次のようなものが考えられるとされています。

① 納税義務者の申告に関する情報
・申告の有無および申告がある場合の申告の内容（例：申告書、添付書類、申告事績に基づく税務分析結果、勘定科目の個別検討結果等）

② 資料情報
・各種法定調書
・協力依頼に基づき任意に提出された資料情報
・部外情報（例：投書、インターネットの掲示板への書込み、メールや電話による情報提供

等）

・マスコミ情報（例：新聞、テレビ、雑誌、広報誌、フリーペーパー等）

・地方公共団体等から協力要請に基づき提供された資料情報（例：課税通報、住民票の写し、戸籍謄本・抄本、登記事項証明書等）

③ その他の情報

・調査着手時に自ら把握した情報（事前通知事項以外の事項に係る調査を再調査として行う場合に限る。）

・内観・外観調査により把握した情報

・他部門の調査により把握した情報

・納税義務者等に依頼した「お尋ね」の回答内容

・他部門で保有している情報

・法令適用の判断についての上級機関（庁・局）への照会に関する見解（例：調査中にその取扱いについて上級機関（庁・局）へ照会しており事実関係を整理して結論を得るのに時間がかかるなどの理由により調査を一旦終了し後日見解が示された場合）

・租税条約に基づく情報交換により得られた情報

④ 上記情報に加えて非違の存在の客観性を高める情報として、業種・業態情報

・各業種、業態特有の不正手口の傾向、取引慣行等
・景気分析結果（業種別・地域別）
・各種統計資料

5 書面添付制度に係る意見聴取との関係（※3）

税理士法第33条の2の書面添付制度に係る意見聴取が実施された結果、調査に移行しないこととなった場合（「意見聴取結果についてのお知らせ」が送付された場合も含む）、その後、当該納税者に対して質問検査等を行うことは、再調査には該当しません。したがって、制度上は新たに得られた情報がなくとも調査を行うことは可能ということです。

しかし、運用上は、その調査の必要性を慎重に検討する必要があるとされており、また、その調査対象に関して、書面添付制度に係る意見聴取による接触事績がある場合には、前回接触時に確認済の事項について重複して聴取等することのないよう、税務署内で確認する必要があるなどとされています。

※1 参考、「税務調査手続等に関するFAQ（職員用）共通」（平成24年11月 国税庁課税総括課）【TAINS 税務調査手続等FAQ H241100】問4－44

※2 参考、同問4－53

※3 参考、同問4－52

Ⅳ

不服申立て・審査請求に関するギモン

Q4-1 「不服申立て」と「審査請求」は、同じ意味ですか？

A

「不服申立て」は、行政庁に対して処分の取消しなどの一定の処分を求める行為を指し、「審査請求」はその行為に含まれます。

解説

1 概論

「審査請求」は、行政上の「不服申立て」の一類型であり、国税に関する不服申立て制度としては、「異議申立て」と「審査請求」を併せて、「不服申立て」と呼んでいます（図①）。

行政上の「不服申立て」とは、行政処分やその不作為について不服がある場合に、裁判所ではなく行政庁に処分の取消しや一定の処分を求めて不服申立てを行うことを意味します。単なる苦情とは異なる点に留意が必要です。

そして、この「不服申立て」には、一般法として行政不服審査法が適用されますが、「国税に関する法律に基づく処分」に対する不服申立てについては、その大部分が、国税通則法、国税徴収法、その他の税法が特別法として行政不服審査法を排除して適用されています。

2 一般法と特別法

「国税に関する法律に基づく処分」については、国税通則法が行政不服審査法に優先して適用されます。この場合の二つの法律は、特別法と一般法の関係にあるといいます。法律の世界では、「特別法は一般法に優先する。」というルールがありますので、特別法に規定がある事項については、一般法は排除されて適用されません（図②）。

「国税に関する法律に基づく処分」に関する不服申立てについては、その処分が大量かつ反復して発生することや、専門的であることなどの特殊性を考慮して、このような取扱いとなっています。

3 事実行為と不作為

事実行為とは、人の意思に基づかないで法律効果を発生させる行為をいいます。行政庁が行う事実行為としては、行政指導などがあたるとされています（行政指導は、処分と異なり、

(図①)

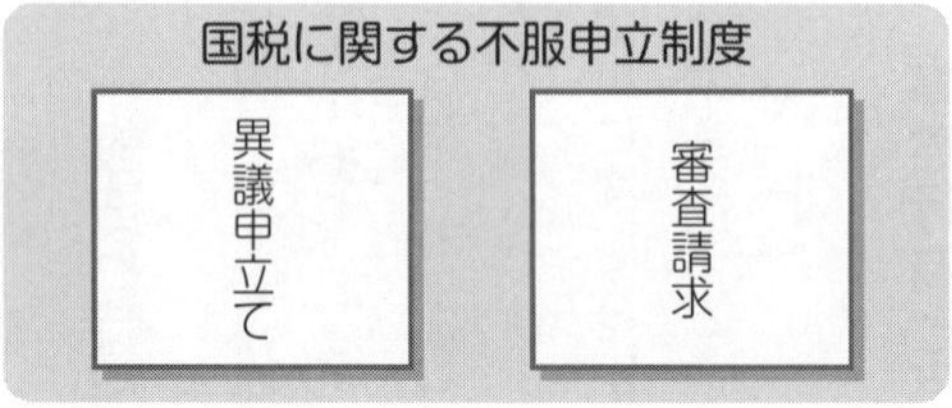
国税に関する不服申立制度
異議申立て
審査請求

(図②)

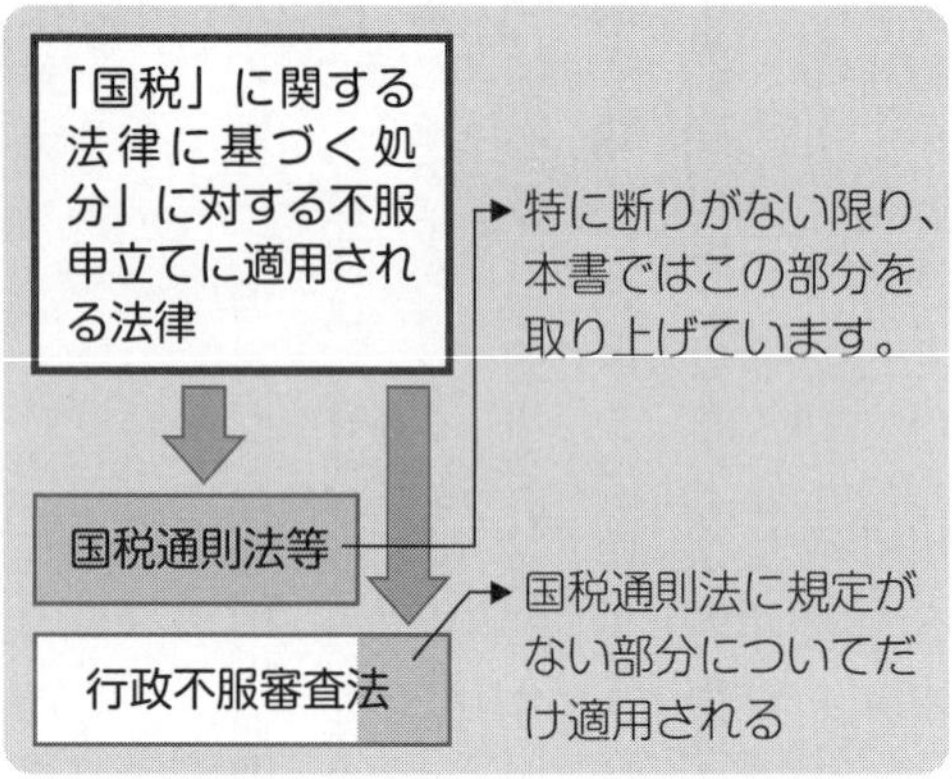
「国税」に関する法律に基づく処分」に対する不服申立てに適用される法律
特に断りがない限り、本書ではこの部分を取り上げています。
国税通則法等
国税通則法に規定がない部分についてだけ適用される
行政不服審査法

(図③)

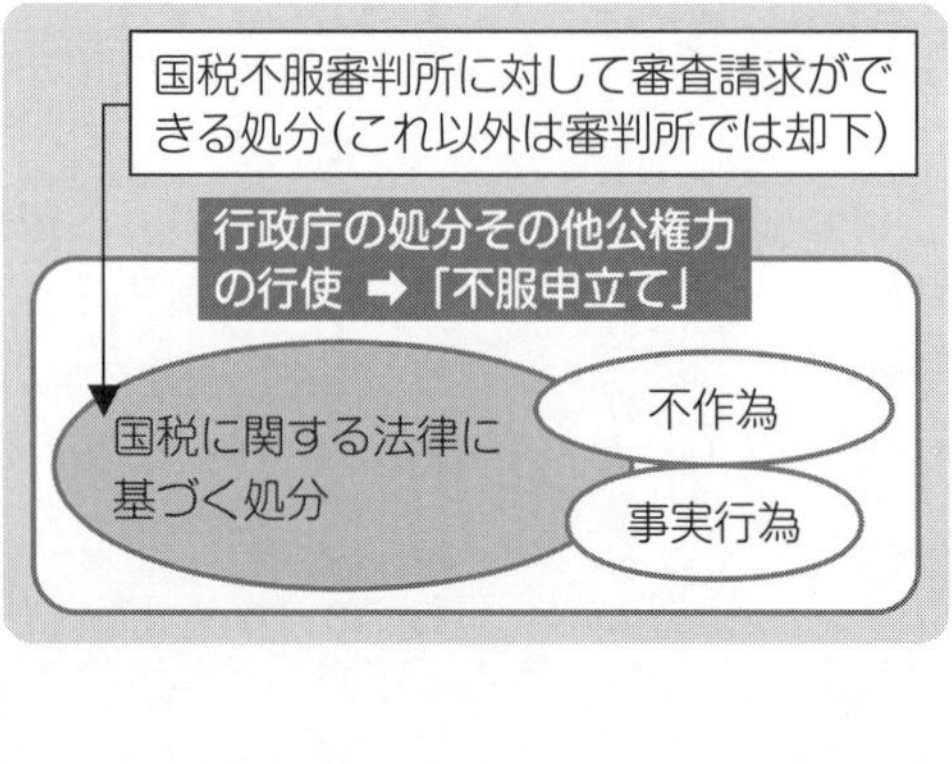
国税不服審判所に対して審査請求ができる処分(これ以外は審判所では却下)
行政庁の処分その他公権力の行使 ➡「不服申立て」
国税に関する法律に基づく処分
不作為
事実行為

それ自体で法律効果、つまり、法律上の権利義務関係の変動が生じるものではありません。)。

なお、行政不服審査法では、特別の定めがある場合を除くほか、公権力の行使に当たる事実上の行為で、人の収容、物の留置その他その内容が継続的性質を有するものが「事実行為」とされています。

一方、不作為とは、何もしないこと、または一定の行為をしないことを意味し、行政庁の不作為とは、行政庁が法令に基づく申請に対し、相当の期間内になんらかの処分その他公権力の行使に当たる行為をすべきにもかかわらず、これを行わないことをいいます。

税務官庁の事実行為または不作為についての不服申立てについては、もっぱら行政不服審査法の定めるところによりますので（不基通（審）80－2）、国税不服審判所に審査請求をしても却下（**Q4－10**）されることになります（図③）。

次に却下事例を紹介します。

＊事実行為であり、国税に関する法律に基づく処分に該当しないとして却下された事例

支部名	東京	裁決番号	平210190	裁決年月日	平220624	裁決結果	却下

争点番号	10110 5010	争点	11不服審査／5処分の存在／1処分の不存在
事例集登載頁	裁決事例集には登載しておりません		

裁決要旨
○ 審査請求人は、原処分庁がした換価代金等の交付について、その取消しを求めるが、換価代金等の交付は、原処分庁が、配当計算書に基づいて各債権者へ換価代金を支払ったという事実行為にすぎない。したがって、国税通則法第75条第1項に規定する国税に関する法律に基づく処分に該当しないから、換価代金等の交付についての審査請求は不適法なものである。（平22・6・24東裁（諸）平21－190）

＊還付処理の不作為は、国税に関する法律に基づく処分に当たらないとして却下された事例

支部名	福岡	裁決番号	平260001	裁決年月日	平260702	裁決結果	却下
争点番号	10110 5010	争点	11不服審査／5処分の存在／1処分の不存在				
事例集登載頁	裁決事例集には登載しておりません						

裁決要旨

○ 請求人は、審査請求において、原処分庁が更正処分に基づく還付処理をしていないとして、その不作為の救済を求めているが、還付処理の不作為は、国税通則法第75条《国税に関する処分についての不服申立て》第1項に規定する国税に関する法律に基づく処分に当たらないから、本件は不適法な審査請求である。（平26・7・2福裁（所・諸）平26−1）

参照法令：行政不服審査法2、新行政不服審査法3

Word「処分」

行政法上、行政機関が具体的事実に関し法律に基づき権利を設定し、義務を命じ、その他法律上の効果を発生させる行為。

Q 4-2 「訴訟」までの流れは、どのようなものですか？

A

税務署長等がした処分に納得がいかない場合、直ちに裁判（税務訴訟）をすることはできません。まず、原則として、税務署長等に対して不服申立て（これを「異議申立て」といいます。）をする必要があります。

＊行政不服審査法の施行に伴う関係法律の整備等に関する法律による改正国税通則法（以下、**改正国税通則法**といいます。）が施行された後は、審査請求を直接することができるようになりますが、訴訟の前に審査請求を経なければならない点は変わりません。

解説

1 現在の流れ

税務署長が行った処分（原処分）に対しては、まず、処分があったことを知った日から2か月以内に、原則として、その税務署長に対して異議申立てをします。ただし、青色申告に係る更正処分等の一定の処分については、直接、国税不服審判所に審査請求をするか、異議申立てを経るかを選択することができます。そして、異議申立ての結論である異議決定に対して不服がある場合は、その決定後1か月以内に審査請求をします。このように二段階の手続となっていることを「二審制」といいます。

さらに、審査請求の結論である裁決に対して不服がある場合には、裁決から6か月以内に地方裁判所に訴訟を提起することになります（図①）。

2 改正国税通則法施行後の流れ

改正国税通則法が施行された後は、税務署長が行った全ての処分について、再調査の請求または審査請求のいずれかを選択することができるようになります（図②）。

再調査の請求とは、処分の事案・内容等を容易に把握できる処分庁が審理を行うものとされていますが、再調査の請求の趣旨および理由等の事項を記載した書面の提出が必要であることなど、実質的には現在の異議申立てと同様の準備が求められています。再調査の結論である再調査決定の種類についても、棄却、却下、取消しまたは変更と、異議申立てと同様のものとなります。

〈図①〉改正前

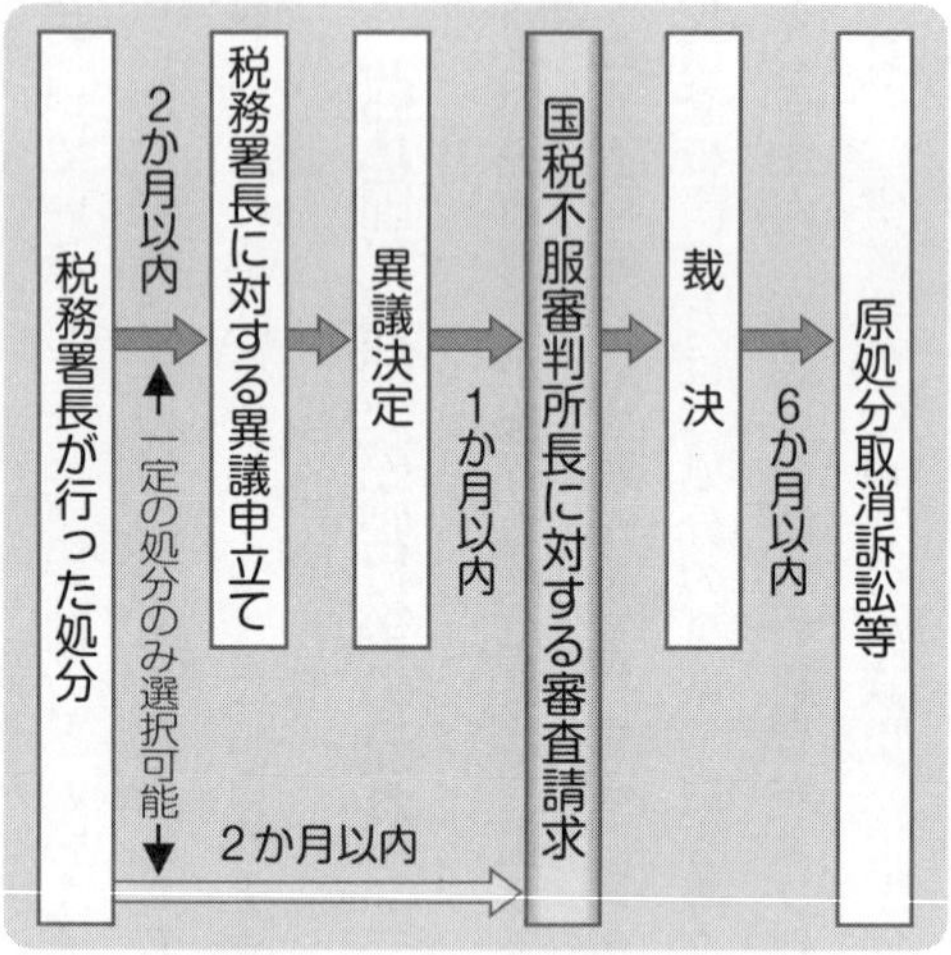

〈図②〉改正後

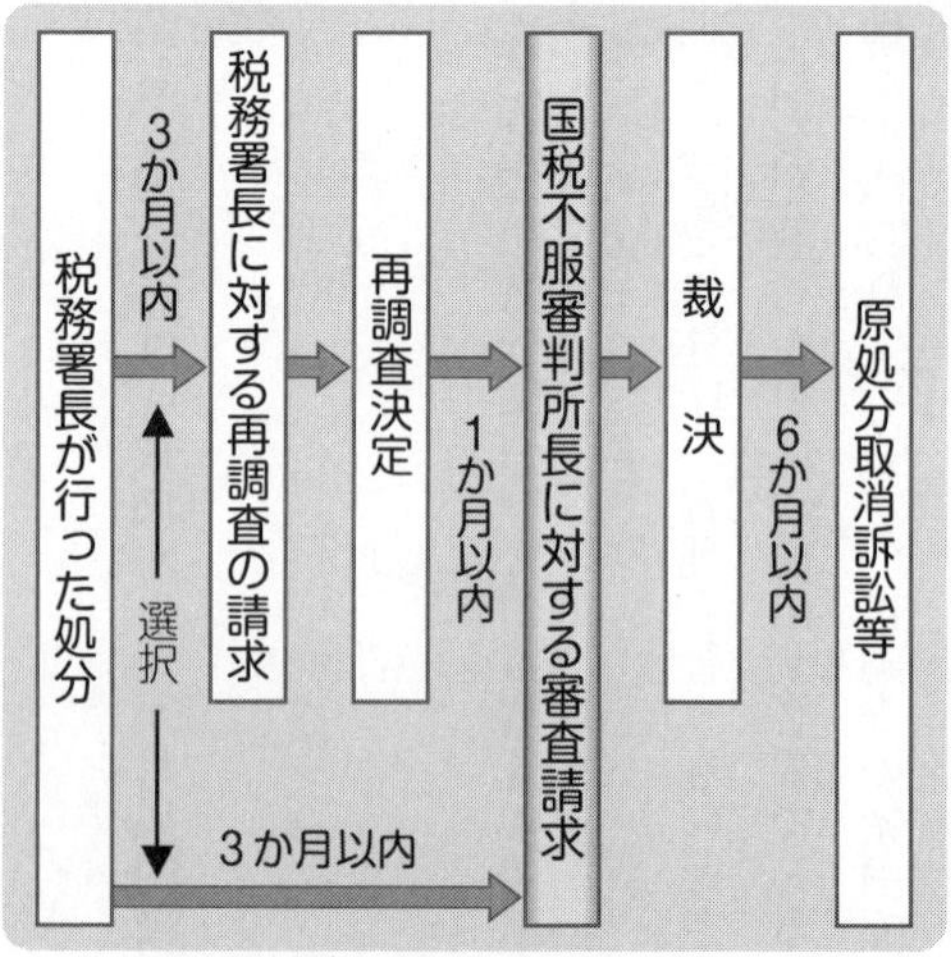

（※）国税不服審判所は、他に国税局長等が行った処分を扱います。

コラム 「再調査の請求」って税務調査のこと？

「再調査の請求」という名称は、納税者にとって、税務調査が再度行われるといった印象を与えるものですが、課税処分等のために行われる税務調査とは異なります。この名称は、行政不服審査法における名称と統一するために用いられたものであり、同法案に対する附帯決議（平成26年6月5日）においては、納税者に対しては、「簡易に処分を見直す事後救済手続である」といった趣旨を国民に十分説明するとされています。

Q4-3 国税不服審判所の審査請求の流れは、どのようなものですか？

A 次のとおりです。なお、改正国税通則法施行後は、変更があります。

解説

1 概論

(1) 審査請求書の提出

審査請求書は、国税不服審判所に郵送または持参によって提出することができますし、原処分庁（審査請求に係る処分をした税務署等）を経由して提出することもできます。提出された審査請求書については「形式審査」が行われます。

審査請求は、通常、国税不服審判所の各支部（Q4-7）で処理されます。つまり、審判所の事件審理については、管轄区域が定められており、審査請求書の提出についても、原処

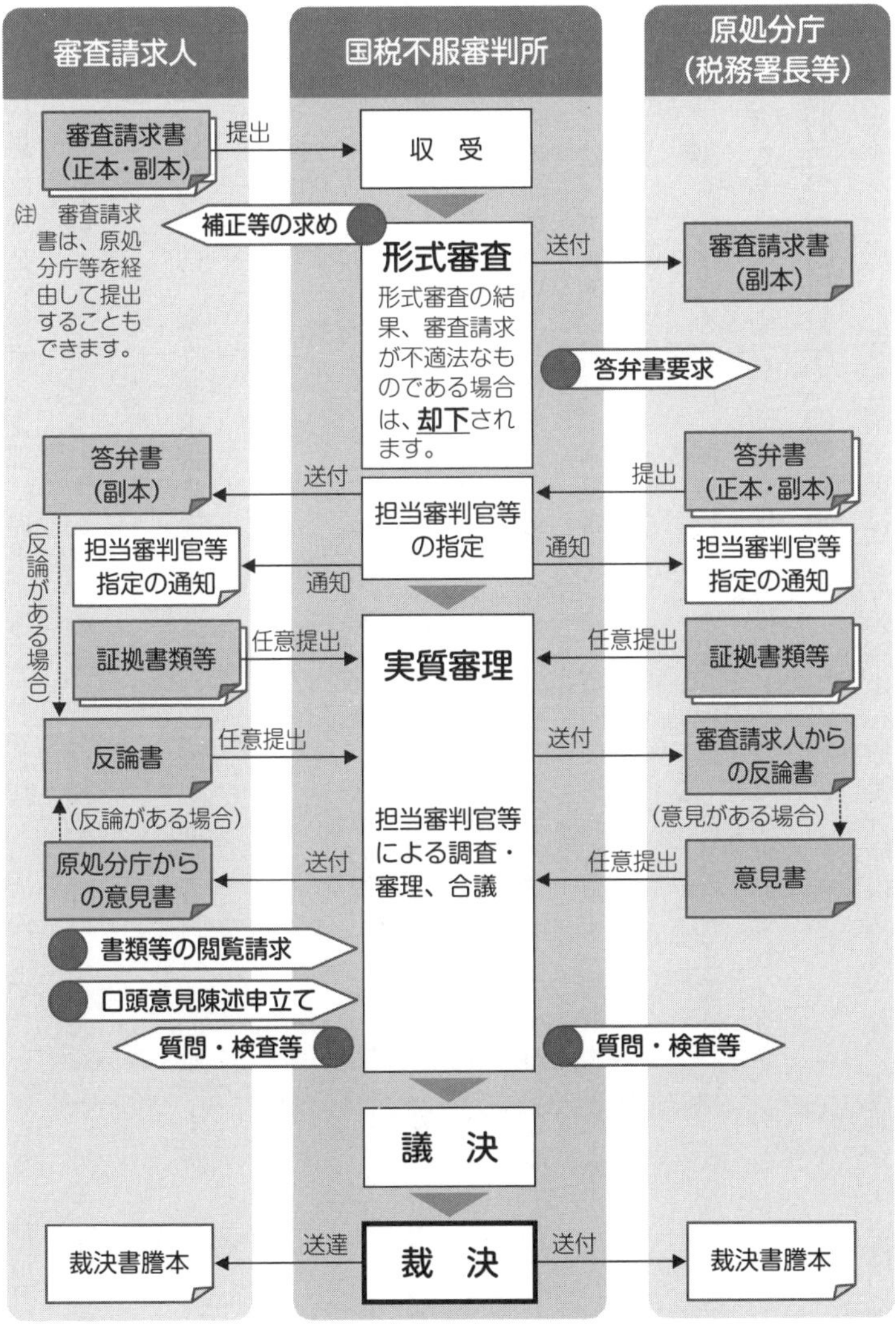

(資料：国税不服審判所パンフを一部加工)

分庁の管轄区域を管轄する支部に提出することとされているのです。もっとも、審判所は、全国一体の組織として運営されていますので、管轄外の支部に提出したとしても、内部的に事件は移送されることになります。

なお、法的には、審査請求書を提出するのは「国税不服審判所長」宛ですが、ここでは単に「審判所」といいます。

(2) 形式審査

審判所は、審査請求書を収受すると、審査請求が法律の規定に従っているかどうかの形式的な審査を行います。例えば、法定された不服申立て期間経過後にされた審査請求である場合や、審査請求の対象である処分が存在しないか、消滅したものである場合、あるいは、審査請求書の記載事項に記載もれがあり、相当の期間を定めて補正を求めても補正されなかった場合には、実質的な審理（本案審理）に入らずに形式審査で「却下」されます。いわゆる門前払いということです。

なお、審査請求書を窓口に直接持参した場合には、簡易な補正であれば、その場で補正できる場合もありますので、印鑑も併せて持参したほうが良いでしょう。

(3) 審判所から原処分庁への答弁書要求

形式審査を通過した審査請求書は、その副本が原処分庁に送付され、原処分庁には、併せて答弁書が要求されます。また、答弁書と併せて、処分の理由となった事実を証する書類（証拠）その他の物件の提出が依頼されます。

答弁書とは、請求人の主張（審査請求の趣旨および理由）に対する原処分庁の主張（反論）を記載した書面です（通法93②）。答弁書の提出を求める期間については、「相当の期間を定めて」とされています。特別な事情がない限りは、答弁書の提出期限は、通常、2～3週間と定めて原処分庁に要求されることが多いようです。

(4) 原処分庁から審判所への答弁書の提出および請求人への答弁書送付

原処分庁から審判所に対して、答弁書は正副2通提出されます。審判所は受領した答弁書の副本を請求人に送付しますが、その際に、担当審判官の指定通知もします。担当審判官の指定通知には、審査請求に係る調査・審理を行う合議体として、担当審判官1名および参加審判官2名以上が記載されます（通法94）。

(5) 請求人から審判所への反論書、証拠書類等の提出

請求人は、原処分庁の答弁書に対して反論がある場合には、自己の主張を記載した反論書や自己の主張を裏付ける証拠書類または証拠物を提出することができます。

ただし、審査請求書に記載した審査請求の趣旨および口頭による意見の陳述で必要な主張が尽くされていると請求人が考える場合には、反論書の提出をする必要はありません。

担当審判官が反論書や証拠書類等の提出について相当の期間を定めた場合には、原則として、その期間内に提出しなければなりません（通法95）。これは、審査請求における事件審理の促進を図るためです。しかし、期限内に提出できない理由がある場合には、担当審判官に、提出期限について配慮を求めることはできます。

なお、提出された反論書は、通常、その写しが原処分庁に送付されます。原処分庁はその反論書に対して、さらに意見（反論）がある場合には「意見書」を審判所に提出することができます。

⑹ 閲覧請求

請求人は、原処分庁の主張に反論したり、適切な証拠を提出したりするために、担当審判官に対して、原処分庁から提出された書類その他の物件の閲覧を求めることができます（通法96②）。担当審判官は、閲覧請求があれば、原則として閲覧を許可しなければならないとされていますが（通法96②）、第三者の利益を侵害したり、その他正当な理由がある場合には、閲覧請求が拒まれることがあります（通法96②後段）。

なお、原則として、審判官の職権収集資料や原処分庁が証拠として提出したものについては、閲覧の対象となっていません。つまり、原処分庁が任意提出したものが閲覧対象です。

⑺ 口頭意見陳述

審査請求は、自らの主張を書面によって提出しなければなりませんが、併せて口頭で意見を述べることもできます。これを「口頭意見陳述」といいます。

審査請求人から口頭意見陳述の申立てがあった場合、審判官は、請求人に口頭で意見を述べる機会を与えなければならないとされています（通法101①、84①）。

口頭意見陳述では、審判官等が、請求人の意見を聴取して、その要点を記録した書面を作成します。請求人は、その書面に記載された内容に誤りがないかを確認して、それを審判所に提出して請求人の主張とします。口頭意見陳述の回数に制限はありませんが、意見陳述の内容が繰り返し同じようなものであるようなときは、再度の意見陳述の機会が与えられない場合もあります。

なお、改正国税通則法施行後の口頭意見陳述は、請求人だけでなく原処分庁も招集して実施されることになっています（改正通法95の2③による84②の準用）。

「請求人面談」

口頭意見陳述の手続とは別に、担当審判官は、通常、請求人と面談して請求人の主張等の確認を行います。この請求人面談において、審判官は、審査請求書に記載された理由等の内容や主張を裏付ける証拠に関する説明を請求人に直接聞いたり、主張の補強や証拠書類等の提出を依頼したりします。

2 改正国税通則法施行後

改正国税通則法（改正通法）は、平成26年6月13日に公布され、その日から「2年を超えない範囲で政令で指定される日」（改正行政不服審査法の施行の日）に施行されるとされていましたが、平成28年4月1日に施行されることになりました（執筆時点で政令案公表）。

税務署長が行った処分に対する不服申立制度を取り出して比較してみますと、次のような点が変更となります（Q4－2の図①②）。

(1) 異議申立前置の変更

改正前の国税通則法によると、不服申立ては、青色申告にかかる更正等の場合や異議申立てを経ずに審査請求をすることについて正当な理由がある場合など一定の場合のみ、国税不服審判所に直接審査請求をすることが認められています。改正国税通則法施行後は、全ての処分について、直接審査請求ができるようになります。なお、請求人の選択により、現在の異議申立てに相当する「再調査の請求」をすることもできます。

(2) 不服申立期間

改正前の国税通則法によると、原処分に対する不服申立ては、やむを得ない理由があるときを除き、処分があったことを知った日の翌日から起算して2か月以内にしなければならないこととされています。改正国税通則法施行後は、この不服申立期間が3か月に延長されます。

なお、処分があった日の翌日から起算して1年を経過したときは、やむを得ない理由があったとしても不服申立てができないという点に改正はありません。

(3) 手続

審査請求の手続面での主な改正点は、次のとおりです。

① 担当審判官が指定される時期

改正前の国税通則法によると、担当審判官等の指定通知は、答弁書と併せて請求人に送付されています。これについて改正国税通則法施行後は、補正を了した段階（形式審査を通過した段階）で、担当審判官を指定することができるようになります。さらに、補正に時間を要する場合もあることから、請求人の主張整理を目的とする請求人面談等の実施のために補正を了する前の担当審判官指定も可能となります。この改正の趣旨は、担当審判官が早期に調査審理に着手することができるようにするためというものです。

② 口頭意見陳述

改正前の国税通則法によると、口頭意見陳述は、請求人（参加人（※）含む）のみが審判官に対して口頭で意見を陳述するもので、原処分庁はその場に同席しません。これについて、改正国税通則法施行後は、原則として全ての審理関係人を招集して行われることになります。つまり、請求人のみならず原処分庁も同席して口頭意見陳述が行われるということです。また、この際、請求人は、担当審判官の許可を得て、処分の内容および理由に関して、原処分庁に対して質問を発することができることとなります。この改正は、充実した審理にするためとの趣旨によるものです。

③　物件の閲覧

改正前の国税通則法によると、閲覧請求の手続は、前記1⑥のとおり、請求人が原処分庁から提出された物件の閲覧をすることができるというものです。改正国税通則法施行後は、閲覧の対象となる物件の範囲が、広がります。審判官が職権により収集した物件等についても閲覧等の対象となります。また、閲覧に限らず、写し等の交付を求めることもできるようになります。また、原処分庁の側からも閲覧請求をすることができるようになります。

※　参加人……利害関係人は、国税不服審判所長の許可を得て、参加人として不服申立てに参加することができます（通法109①）。

Word【合議体】

複数の構成員の合議によって、その意思を決定する組織体のことをいいます。国税通則法は、「担当審判官1名及び参加審判官2名以上」と定めており、合議体の人数について制限を設けていませんが、通常は、3名です。

合議体による合議は、審理期間中必要に応じて何度も行われ、合議体の構成員全員が十分に意見を交換して慎重に審理が行われます。

Q4-4 税務訴訟と審査請求には、どういう違いがありますか？

A

代表的な違いは、弁論主義か職権主義かという点です。他にも、審査請求では不当を理由とした取消しがあることなどが挙げられます。

解説

1 弁論主義と職権主義

税務訴訟を含む民事訴訟は、事件を審理するにあたって「弁論主義」が採用されています。弁論主義というのは、主張や立証は、当事者の責任であるという考え方です。

これが具体的な特徴として現れるのは、①当事者が主張しないことを判決の基礎とすることはできないこと（主張責任）、②当事者間で争いのない事実については、そのまま判決の基礎としなければならないこと（自白の拘束力）、③事実認定の基礎となる証拠は、当事者が提出したものに限るということ（立証責任）の3つの側面です。なお、主張責任（①）と

自白の拘束力（②）については、「主要事実（要件事実）」のみについて生じる点に留意が必要です。（事例参照）

一方で、審査請求においては、①当事者が主張しないことについても、裁決の基礎とすることができます。もちろん、この点については、不意打ちを避けるために、審判官が当事者の主張について求釈明を行うなどの運営がされています。また、②当事者間で争いがない事実について、新たに認定することもありますし、③当事者が提出しない証拠についても職権で収集することができます。

〈事例〉（参考：平成16年11月25日名古屋地裁判決（税資２５４号９８３４順号））

この事件では、相続財産の問題として、被相続人が親族Dに対して金銭を貸し付けていたか否か、また、貸付金があったとした場合の相続開始時の金額が問題となりました。

原告（納税者）の主張は次のとおりです。

納税者

●Dが受領した３７００万円は、被相続人からの贈与である。
●仮に貸付金であったとしても、Dがその一部を弁済したとは主張しない。

これに対して、被告（課税庁）は、次のように主張しています。

課税庁

●被相続人はDに3700万円を貸し付けたのであり、贈与ではない。

一方、債務者とされるDは、裁判所において次のように供述しました。

債務者D

●被相続人から3700万円を借りた。借用書はないが領収証を作成した。
●その後、農協から借りたお金と自分の預貯金等を合わせてｘｘｘｘ万円を返済した。

裁判所の判断は次のとおりです。

〈貸付金か否かについて〉
……Dは、金額の点はさておいても、振込金の一部を返済したこと自体は一貫して述べている上、兄弟などの親しい者の間の貸し借りにおいては、その返済について特段記録を残さないことは何ら不自然とはいえないから、返済を証する資料がないからといって、上記供述・証言の信用性を否定することはできない（なお、Dによる一部弁済の事実については、当事者双方ともに主張しないが、借入れの事実を推認するための間接事実として考慮すること

は、もとより弁論主義に違反するものではない。）。

〈貸付金債権の金額について〉

……同金額（３７００万円）の貸付金債権が相続財産に含まれていたと判断するほかない（当裁判所としては、Dが証言した約ｘｘｘｘ万円の一部弁済の事実は、採用する余地があると考えるが、当事者双方ともに、かかる一部弁済の事実を主張しない態度を明らかにしているから、これを考慮してDに対する貸付金債権の金額を判断することは、弁論主義に反するものとして許されない。）。

裁判官は、Dの証言「ｘｘｘｘ万円を返済した。」は本当だろうと感じたようです。そこで、一部弁済の事実については、双方が主張していないことではありますが、間接事実として用いて、貸付金債権が存在すると判断しています。間接事実や補助事実については、裁判所の自由心証主義の範囲内として、当事者に争いがなくとも認定することができるということがここに現れています。

一方で、貸付金債権の金額の判断について、裁判所は「一部弁済を主張しない」という納税者の主張から、「弁済の事実」を検討せずに金額を判断しています。つまり、「弁済の事実」を弁論主義が適用される主要事実であることを前提にしているということがわかります。

もっとも、本件の課税処分取消訴訟では、貸付金の有無及び金額を主張立証しなければならないのは課税庁側ですから、「弁済の事実」は、相続開始時における貸付金の存在を否定する間接事実と考えられます。つまり、「弁済の事実」は、課税庁が主張すべき主要事実（相続開始時に貸付金がいくらあったのかということ。）に対する間接事実ですから、当事者が主張しなくても裁判所は弁済の事実を認定できるのであり、弁論主義を理由に弁済の事実を考慮できないとする判断には疑問が残るところです。

なお、本件は、控訴審でも結論は維持されていますが、弁済したとするDの供述は信用性が乏しいとして採用されていません。そして、他に弁済を認めるに足りる証拠はないとして、弁済は一部もされていなかったと判断されています。

2 不当による取消し

裁判所は、違法か適法かを判断して、違法な処分を取り消しますが、審判所は、適法であっても不当を理由として処分を取り消すことができます（図①）。

「不当」と「違法」は一般用語としては類似の意味を持つのですが不服申立ての場面では

意味が異なります。不当とは、違法ではないが、制度の趣旨目的からみて裁量権の行使が適正を欠く場合のことをいいます。つまり、行政処分に裁量権の範囲を逸脱または裁量権の濫用があったと認められる場合は違法となりますが、逸脱や濫用に至らなくとも裁量権の不合理な行使と評価されて不当と判断され処分が取り消されることがあります。

留意すべきは、税務署長等の裁量が生じる余地のない規定については、不当が問題となることはないという点です。裁量権がある規定か否かについては、条文の文言（「税務署長は～できる。」）だけでなく、規定の趣旨などから解釈されます。なお、裁量権のある規定として代表的なものは、所得税法第１５０条《青色申告の承認の取消し》です。

〈事例〉（平成22年12月1日裁決）

この事件は、青色申告の承認取消処分の適否が争われたものです。

審判所は、請求人の帳簿書類の備付けおよび記録の不備の程度は甚だ軽微であり、申告納税に対する信頼性が損なわれているとまではいえないことから、所得税法第１５０条第１項に基づく青色申告の承認の取消処分は、違法とはいえないものの不当な処分と評価せざるを得ないとして、不当を理由に処分を取り消しました（図②）。

(図①)

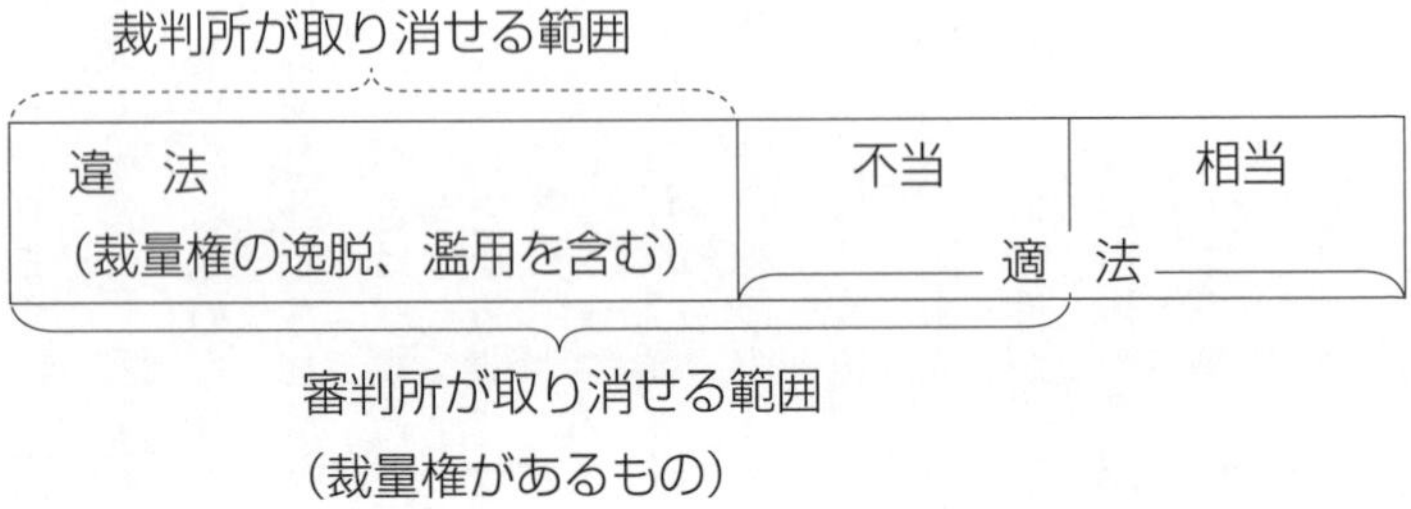

(図②)

【参考】司法及び審判所の判断対象［青色申告の承認取消し（所得税法第150条第1項）の例］

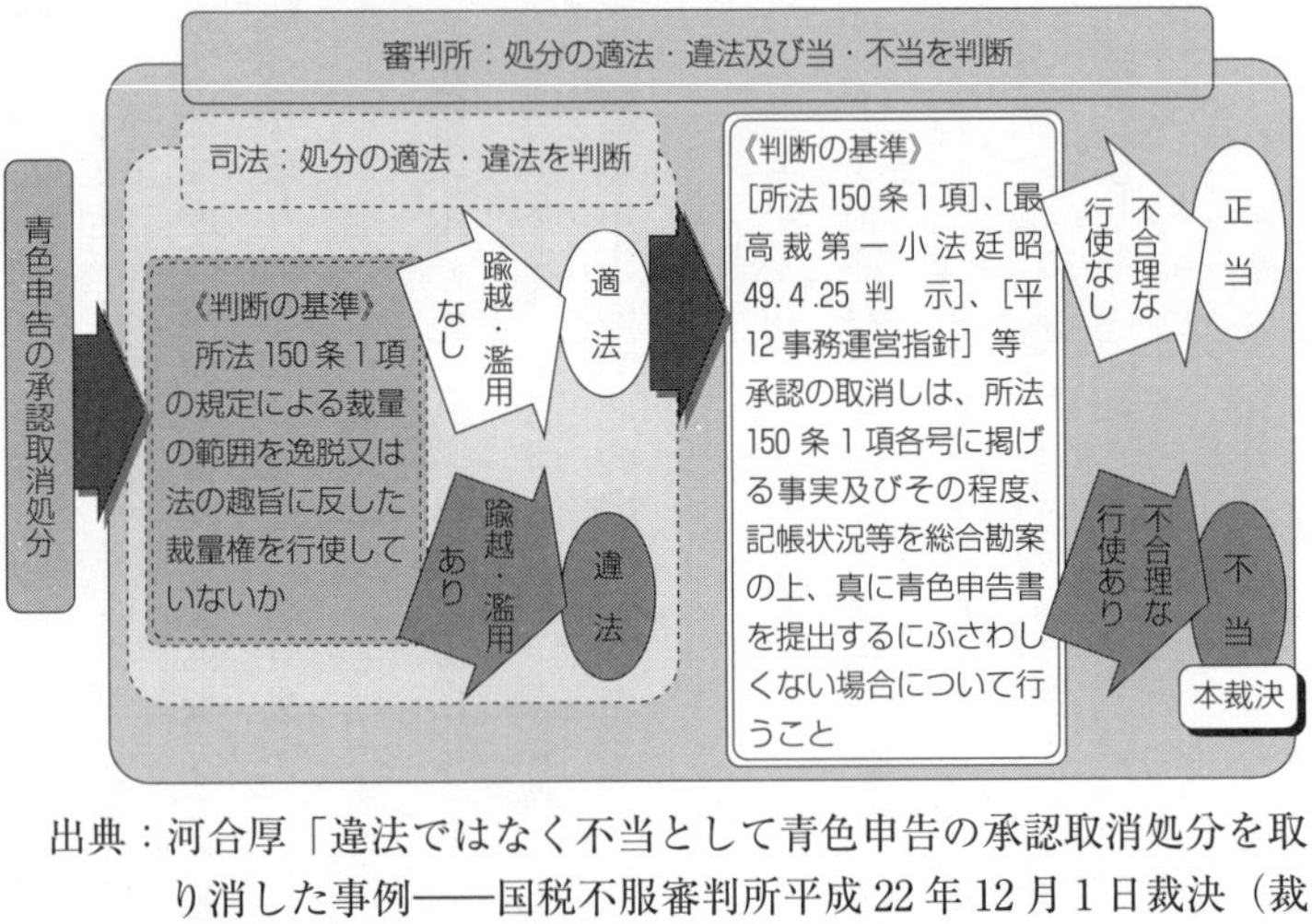

出典：河合厚「違法ではなく不当として青色申告の承認取消処分を取り消した事例――国税不服審判所平成22年12月1日裁決（裁決事例集81号）」税大ジャーナル22　2013. 11

Q4-5 不服申立てによって、あらたに納付すべき税額が生じることはないですか？

A 不利益変更は禁止されていますので、異議申立てや審査請求によって原処分を超える税額をあらたに納付することにはなりません。

解説

1 不利益変更の禁止

不服申立ては「救済」の趣旨から、不利益変更の禁止が明文化されています（通法83③、98②）。つまり、異議決定においても裁決においても、納税者の不利益に処分が変更されることはありません。

具体的には、例えば、納税者が当初申告で納付すべき税額10万円としていたところに、税務調査の結果、事業所得の売上計上もれがあり、納付すべき税額が15万円で更正処分がされた場合を考えてみます。

（図①）

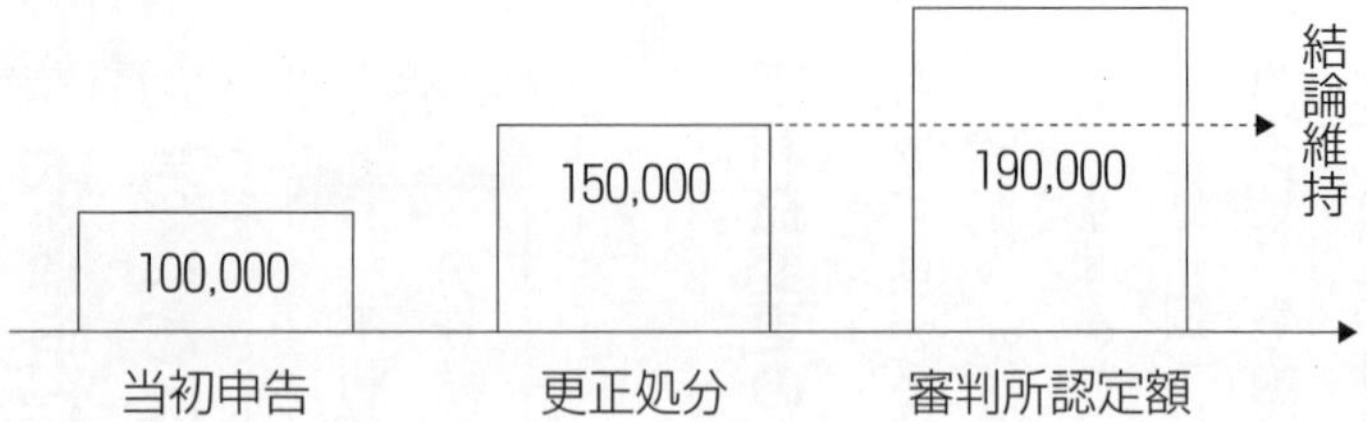

この処分が審査請求で争われ、審判所が調査、審理した結果、原処分の売上計上もれが認められ、さらに、別の売上計上もれも発見されて、審判所が税額を計算したところ19万円と認定されたとします。このような場合であっても、不利益変更は禁止されていますので、審判所の結論としては、原処分は適法で処分が維持されるに留まります（図①）。

2 審判所の審理の範囲

審判所の行う実質審理は、請求人の申立てに係る原処分について、その全体の当否を判断するために行われます。つまり、基本的には、総額主義（Q4－6）であり、不服申立ての理由等に拘束されることなく、当事者から主張がなくとも職権で、処分の違法性や不当性の存否をあらゆる角度から調査審理がされるということです。

なお、運用にあたっては、総額主義に偏することなく、争点に主眼を置いて効率的に調査審理を行うものとされています（参考、不基通（審）97－1）。これが「争点主義的運営」といわれるものです。

3 裁決書の結論

「争点主義的運営」が行われていても、調査審理の過程で、当事者が主張していない事実が明らかとなることがあります。例えば、請求人の申告内容を確認していたところ、偶然、原処分庁も気づいていなかった減価償却費の計算誤りを発見してしまったなどという場合です。そのような場合は、誤りは修正せねばなりませんが、結果的に、当事者が全く争っていないところで、税額計算に影響が出てきます。審判所の認定額が原処分を上回るようなことになれば、審判所認定額は××円であるけれども、その金額は、原処分の認定額を上回るから原処分は適法であるなどといった結論で結ばれることになります（次の事例参照）。

（事例）

> そこで、審判所が「平均功績倍率法」により役員退職給与相当額を再計算したが、本件役員退職給与計上額のうち、審判所が認定した役員退職給与相当額を超える不相当に高額な部分の金額は、原処分の額を上回るから原処分は適法である。（平23・1・24関裁（法）平22－48）

また、不利益変更の禁止とは別次元の話となりますが、そもそも当事者が主張して争っていないところで、審判所が判断を下すことは「不意打ち」であり、「納得の得られる裁決」からは程遠いものとなってしまうおそれがあります。したがって、実際の審理において、審判所が原処分庁が主張していなかった点で請求人に不利益なものを発見した場合には、請求人にその点を明示して反論を促すような運営がされています。

Q4-6 「総額主義」とは何ですか？

A

「総額主義」は、「税額がいくらか」という点だけに着目するもので、税額が算定されるまでの過程における個々の論点についての結論には目を向けません。「総額主義」に対立するのが「争点主義」です。

解説

1 「総額主義」

金子宏教授の『租税法』によれば、「総額主義」とは、課税処分に対する争訟の対象はそれによって確定された税額（租税債務の内容）の適否であるとする見解であり、「争点主義」とは、確定処分に対する争訟の対象は処分理由との関係における税額の適否であるとする見解だとされています。

例えば、所得税の当初申告で納付すべき税額10万円としていたところに、税務調査の結果、

（図①）

納付すべき税額が15万円で更正処分がされた場合を考えてみます。処分理由は、事業所得の売上計上もれです。

この処分に対して、納税者が審査請求をしますと、国税不服審判所が事業所得の売上計上もれがあったかどうかを調査、審理することになります。そして、審理の結果、売上計上もれはなかったということになると、通常、処分は「取消し」となりますが、仮に、他の理由（例えば、経費の二重計上など）が原因で、結局、審判所が認定した税額も15万円だということであれば、原処分が認定された税額だけに着目すれば、原処分は適法ということになり、結論は、「棄却」つまり、納税者の負けということになります（図①）。

なお、このケースを「争点主義」で捉えれば、処分は取り消されるということになります。

2 「争点」とは

争点とは、課税要件（納税義務が生ずるなど一定の法律効果が発生するための要件）を巡る納税者と税務署長との間で主張が食い違う点をいいます。

審査請求の審理は、この争点についての判断を中心に進められますので、課税上や徴収上、原処分を課すための法律上の要件の判断に影響を与えない事柄に関する主張（例えば、税務行政に関する不満など）は、審査請求の審理の対象となりません。

双方の主張の相違点は、法解釈に関すること、事実認定に関することなどがあります。前記の例でいいますと、「売上計上もれ」という事実の有無が双方の主張の食い違いということです。

参考：国税不服審判所パンフレット
「審査請求よくある質問―Q＆A―（審査請求をよく知りたい方へ）（平成25年7月）
Q13 審査請求では、どのようなことを審理するのですか？⑵」
http://www.kfs.go.jp/introduction/pamphlet/pdf/pamphlet2.pdf

コラム 「争点主義的運営」

審判所が設立される際の国税通則法の改正法案には、次のような附帯決議がされています。

・質問検査権の行使に当たっては、権利救済の趣旨に反しないよう十分配慮すること。特に、国税不服審判所の職員は、その調査が新たな脱税事実の発見のためではないことを厳に銘記の上、納税者の正当な権利救済の実現に努めること。

・政府は、国税不服審判所の運営に当たっては、その使命が納税者の権利救済にあることに則り、総額主義に偏することなく、争点主義の精神をいかし、その趣旨徹底に遺憾なきを期すべきである。

審判所の運営は、この附帯決議を踏まえて、「争点主義的運営」であるとされています。これは、「新たな調査は争点で、審理は総額で」とも言われるところでもあり、具体的には、審判所の新たな調査は、原則として争点の範囲にとどまる一方で、審理の対象は原処分の全体（総額）、つまり確定された税額の適否ということになります。

例えば、事業所得の金額の計算について、ある支出が必要経費として控除できるか否かが争点となっているとします。この場合、審判所は、網羅的にその年分の事業所得（収入、必要経費等）を調査するのではなく、争点とされている支出の必要経費該当性を調査します。

ただし、調査の過程で、たまたま売上計上もれが発見される場合があります。このとき、争点主義であれば、理論上もこれを加味して原処分を維持することはできませんが、審理は総額主義を採用しているので、当該売上計上もれも含めて事業所得の金額を算定し、原処分が適法であるか否かを判断します（なお、いきなり裁決で売上の計上もれを指摘するのではなく、不意打ち防止のために当事者に売上の計上もれがないかを求釈明するのが通常です）。

このように、審理の対象はあくまでも総額なので（総額主義）、最終的には争点以外のことも含めて原処分の適法、違法が判断されるのですが、だからといって審判所が総額を網羅的に調査することとはされておらず、審判所による調査は争点および争点関連事項に限定して行う運営がなされています。このようなことを「争点主義的運営」と呼称しています。

Q4-7 国税不服審判所は、国税庁とどういう関係にありますか?

A

国税不服審判所は、国税庁の特別の機関として位置づけられており、国税の賦課徴収を行う国税局や税務署などの執行機関からは分離された別個の機関です。

解説

1 国税不服審判所の使命

国税不服審判所の裁決は、国税庁長官の発する通達には縛られず、国税の賦課徴収に係る処分庁とは独立した立場で行われます。国税不服審判所の使命は、「税務行政部内における公正な第三者的機関として、適正かつ迅速な事件処理を通じて、納税者の正当な権利利益の救済を図るとともに、税務行政の適正な運営の確保に資すること」であるとされています。

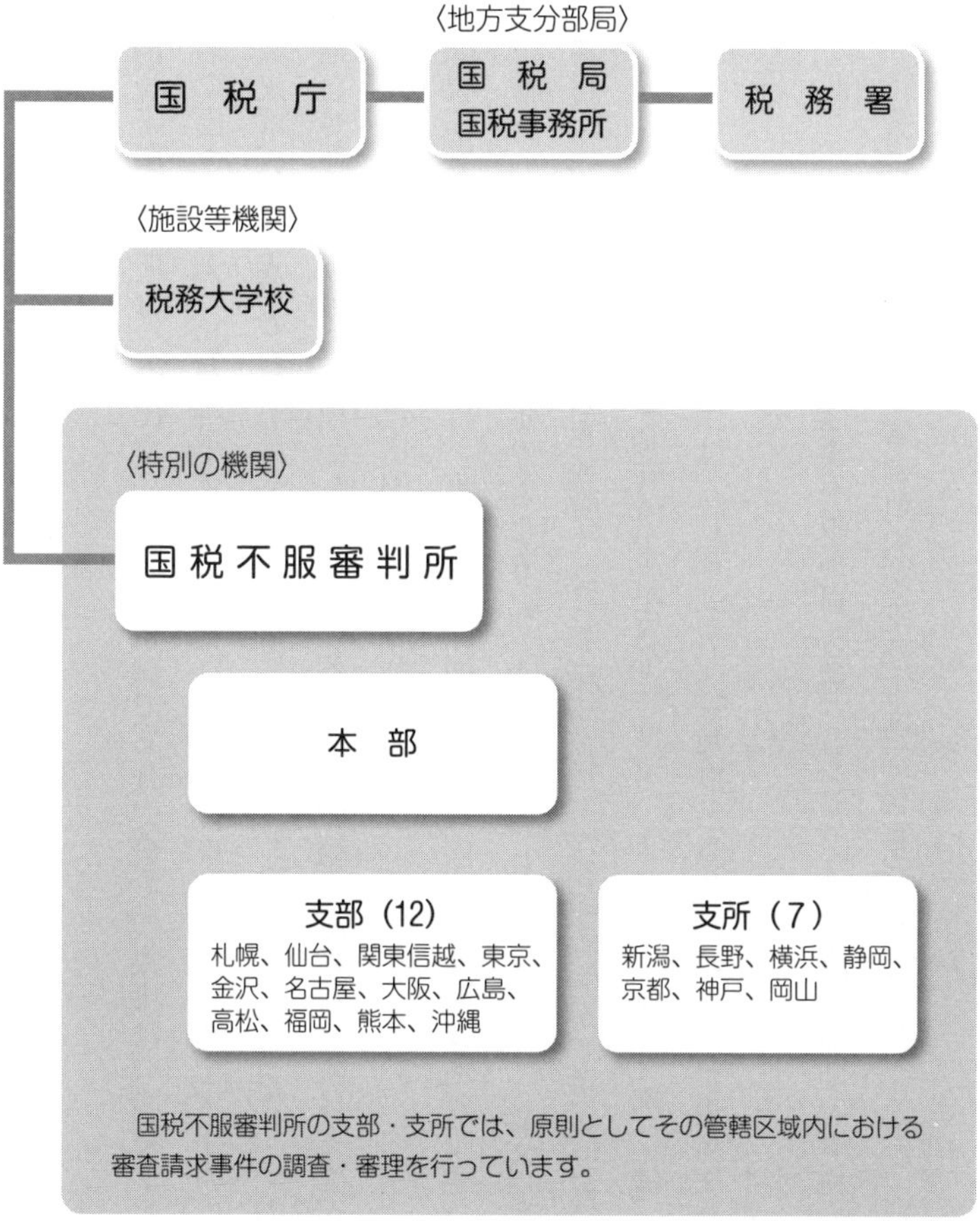
〈地方支分部局〉
国税庁
国税局
国税事務所
税務署
〈施設等機関〉
税務大学校
〈特別の機関〉
国税不服審判所
本部
支部（12）
札幌、仙台、関東信越、東京、金沢、名古屋、大阪、広島、高松、福岡、熊本、沖縄
支所（7）
新潟、長野、横浜、静岡、京都、神戸、岡山
国税不服審判所の支部・支所では、原則としてその管轄区域内における審査請求事件の調査・審理を行っています。

（資料：国税不服審判所）

2 本部と支部（通法78）

国税不服審判所は、全国でひとつの組織であり、全ての裁決は、国税不服審判所の本部所長名で出されます。裁判所では、各裁判官が独立（※）して判断を下すのに対して、審判所の裁決は、行政全体の判断という位置づけになっているのです。ただし、実際の事件審理は、迅速な処理を行う等の見地から、通常、各地域を所轄する審判所の各支部が担当しており、裁決の決裁は、各支部に包括的に委任されています。

国税不服審判所の本部は、東京の霞ヶ関、財務省庁舎の4階にあります。全国には、国税局の置かれた12の都市に重なるように、支部が置かれています。一般的には、「大阪国税不服審判所」「東京国税不服審判所」などと呼ばれているのですが、正式名称は、「国税不服審判所大阪支部」「国税不服審判所東京支部」です。また、大きな支部には、支所が置かれています。例えば大阪支部には、京都支所（京都府と滋賀県の事件を担当）と神戸支所（兵庫県の事件を担当）があります。

なお、一般的に「大阪国税不服審判所長」などと呼ばれる各支部の事務を総括する審判官は、正式には、「国税不服審判所大阪支部主席国税審判官」といいます。

3 国税不服審判所の歴史

国税不服審判所は、シャウプ勧告に基づいて設置された協議団制度が前身となっています。協議団は、納税者が処分に不服があるときに、その申立てを審理していましたが、審理権は協議団にあるものの、最終的な判断を下す裁決権は執行者に残されていました。

そこで、昭和45年5月1日に国税不服審判所が設置されて、裁決権も国税不服審判所長に移譲されることになりました。当時の国税不服審判所は、国税庁の「付属機関」として発足しましたが、その後、昭和59年の国家行政組織法および大蔵省設置法の改正によって、「特別の機関」となりました。

※ 日本国憲法第76条第3項は、「すべて裁判官は、その良心に従ひ独立してその職権を行ひ、この憲法及び法律にのみ拘束される。」と規定しています。

Word【国税副審判官・国税審査官】

国税副審判官は、国税審判官を補佐し、国税審判官の命を受けて審査請求事件の事務を整理します（通法79②）。

国税審査官は、国税審判官の命を受けてその事務を整理し（国税不服審判所組織規則3②）、担当審判官の嘱託によりまたはその命を受け、審査請求事件の調査および審理にも携わります（通法97②）。

Q4-8 審査請求書は、どう書けばいいですか？

A 所定の審査請求書の様式に沿って書けば、必要事項が漏れることがありません。不明な点は、所轄の審判所の窓口（管理課等）に尋ねると、親切に教えてくれます。

解説

1 概論

審査請求は、口頭によることはできず、必ず書面を提出しなければなりません。

所定の審査請求書の用紙でなくても、法定された事項を記載していれば審査請求書として扱われますが、審判所の「審査請求書」用紙に法定された記載事項が網羅されており、また、書き方例も用意されていますので、所定の用紙を使うほうが良いでしょう。用紙は審判所のホームページでも入手できます。

なお、法定された記載事項とは次のとおりです（通法87）。

① 審査請求に係る処分
② 審査請求に係る処分があったことを知った年月日
③ 審査請求の趣旨および理由
④ 審査請求の年月日

もっとも、仮に審査請求書の書き方に不備があったとしても、通常は、求められた補正に対応することで適正なものとして扱われますので、記載事項についてはそれほど神経質になる必要はありません。

現在の審査請求書の様式は巻末資料Cのとおりです。以下では、現状の様式に沿って、記載事項のポイントを説明します。

なお、e－Taxを利用して審査請求書の提出をすることもできます。

2 主な記載事項について

(1) 請求年月日

審査請求書の提出年月日を記載します。処分があったことを知った年月日の欄と併せて、法定された審査請求期間内に審査請求されたものであるかどうか（適法な審査請求かどうか）

を判断するために必要な項目です。

(2) 住所・所在地（納税地）

審査請求人の住所（法人の場合は、所在地）または居所を記載します。住所（所在地）または居所と納税地が異なる場合は、納税地を括弧書きします。

(3) 審査請求人の氏名・名称、総代または法人の代表者

審査請求人が個人の場合は、氏名を記載して押印します。法人の場合には、法人の名称と代表者の住所または居所を記載します。

(4) 代理人

代理人は必ずしも選任する必要はありませんが、代理人を選任している場合には、代理人の住所または居所および氏名（税理士法人の場合には、所在地および名称）を記載して押印します。また、代理人を選任する場合には、別途、代理人の選任届出書も提出する必要があります。さらに、代理人選任届を提出しても、答弁書や裁決書は基本的に請求人宛に送付されます。書類の送付先を代理人宛にしたい場合は、「書類の送達先を代理人とする申出書」も併せて提出します。

（ポイント）

審査請求の代理人について、国税通則法第１０７条は「弁護士、税理士その他適当と認め

られる者」を選任することができると規定しています。同条が示す弁護士や税理士は例示ですので、代理人は、資格を持たない請求人の親族や知人でもかまいません。

(5)　原処分庁

「原処分庁」とは、更正処分等を行った税務署長あるいは国税局長のことです。審査請求書には、（　　）税務署長・（　　）国税局長・その他（　　）とありますので、税務署長のした処分であれば、税務署名を記載します。「その他」とは、税関長や、法務局の登記官などが該当します。通常、原処分庁名は、更正処分（あるいは理由がない旨の通知処分）などの通知書に記載されています。

(6)　処分日等

「処分日等」欄には、処分の通知書に記載されている年月日と、その通知書の送達を受けた年月日を記載します。

(7)　処分名等

審査請求書には、審査請求の対象となる処分を特定するために、審査請求に係る処分を明記します。「税目等」欄は、処分に係る税目等の番号を「○」で囲みます。複数の税目であれば、該当するもの全てに「○」をします。

処分名欄についても、該当するもの全てについて「○」で囲みます。審査請求の対象が「滞納処分等」である場合は、差押え等の各処分の他に、第二次納税義務の告知や延納等国税の徴収に係る処分を記載します。

⑻ 対象年分等

処分名欄で「○」で囲んだ処分名ごとに対象年分、対象事業年度、対象課税期間、対象月分などを記載します(税目によって表現が異なりますので、処分通知書を参照します)。なお、対象年分等が複数の場合は、それぞれ記載します。

申告所得税と復興特別所得税のように複数の年分の処分が存在する場合には、各税目の後に対象となる年分をそれぞれ記載します。

(ポイント)

例えば、所得税の更正処分とそれに係る過少申告加算税の賦課決定処分であれば、処分は2つであり、それぞれについて適法性の判断が行われます。また、異なる年分は別の処分になりますので、2つの処分が2年分あれば処分の数は4つということになります。

審査請求では、「処分」ごとに処分の適否が判断されますから、同時にされた処分であっても、処分ごとに、処分名と年分が特定されることになります。

なお、審査請求ができるのは、「異議決定を経た後の原処分」ですから、異議決定そのものについての審査請求をすることはできません。審査請求書に記載するのは原処分のみです。

【記載例】・申告所得税（及び復興特別所得税）の場合……平成○年分
・法人税の場合……平成○年○月○日～平成○年○月○日事業年度分
（連結事業年度に係るものの場合……平成○年○月○日～平成○年○月○日連結事業年度分）
・復興特別法人税の場合……平成○年○月○日～平成○年○月○日事業年度分
・消費税・地方消費税の場合……平成○年○月○日～平成○年○月○日課税期間分
・相続税の場合……平成○年○月○日相続開始分
・源泉所得税（及び復興特別所得税）の場合……平成○年○月～平成○年○月分

(9) 原処分に係る異議申立ての状況

審査請求が異議決定を経ている場合、審査請求が適法な期間内にされたものかどうかについて判定するために、異議決定書の謄本の送達を受けた年月日が必要となります。直接審査請求をする場合には、その旨を記載します。

なお、法的には直接審査請求が認められていない（異議申立てを経なければならない）原処分であっても、処分の通知書に誤って「審査請求をすることができる」といった旨の教示がある場合には、直接の審査請求が認められます（通法１０２）。

⑽ 審査請求の趣旨

「審査請求の趣旨」欄には、原処分のうち取消しを求める範囲を明らかにするように記載します。原処分の全部の取消しを求める場合には「全部取消し」を選択し、一部の取消しを求める場合には、「一部取消し」を選択した上で、具体的にどの範囲までなのか、例えば、「更正処分のうち30万円を超える部分の取消しを求める。」などと記載します（通法87①三、③）。

⑾ 審査請求の理由

「審査請求の理由」とは、原処分の取消しを求める理由を記載します。つまり、なぜ、原処分が違法（又は不当）だと主張するのか、具体的な主張を書きます。

（ポイント）

社会保障・税番号制度の導入により、平成28年1月1日以降に提出する審査請求書については、個人番号・法人番号を記載する必要があります。

Word「総代」

「総代」とは、複数の人が共同して審査請求を行う場合の代表者のことです（通法108）。例えば、複数の相続人が、相続税の課税価額の合計額に係る各相続人の相続税額の更正処分について共同して審査請求をする場合などは、総代を決めることができます。総代は、3人を超えない範囲で互選することができます。一方、審判所が必要があると認めるときは、総代の互選を命ずることもできます。

Word「送達」

「送達」とは通常、書類を受領した日をいいますが、厳密には、国税に関する書類に関しては、国税通則法第12条から第14条にケース別に規定されています。同法第12条第2項によれば、通常の取扱いによる郵便又は信書便により書類を発送した場合には、通常到達すべきであった時に送達があったものと推定されます。

Q4-9 審査請求書に記載もれがあればどうなりますか？

A 審査請求書に記載もれなどの不備がある場合には、審判所によって補正が求められます。

解説

1 補正が求められるケース

審判所は、提出された審査請求書について、まず、国税に関する法律の規定に従っているか否かについて、形式的な審査を行います。その結果、審査請求書に不備がある場合には、補正を求めることがあります（通法91①）。

例えば次のようなケースでは、補正が要求されます。

① 審査請求書が正副の2通提出されていないもの（通法87④）
② 審査請求書に必要な記載事項を欠いているもの（通法87①、②）

③　代理人または総代の選任がされているときに、その権限を証する書面の提出がないもの（通法107③、108⑦）

④　審査請求の趣旨および理由の記載が、国税通則法第87条第3項の規定に従っていないもの。例えば、単に「原処分は違法であるからその全部の取消しを求める」などといった記載しかないもの

2 補正の方法

審査請求書の補正には、次の3種類の方法があります（通法91、不基通（審）91－2）。

①　通常の方式による補正

補正要求がされたときに、請求人が書面を追加提出する等して補正をするものです。

②　職権による補正

不備が軽微なときは、審判所長は、職権により補正をすることができます。

③　口頭による補正

請求人は、審判所に出頭して補正すべき事項について陳述し、その陳述の内容を審判所の職員が録取した書面に押印することによって補正をすることができます。

なお、補正を求められた期間内に不備が補正された場合には、初めから適法な審査請求が

されたものとして取り扱われますが、求められた期間内に不備が補正されなかったときは、その審査請求は却下（Q4−10）されます。

Q4-10 審査請求が却下されるとはどういうことですか？

A

「却下」とは、審査請求が法定の期間経過後になされたものであるなど、審査請求そのものが不適法な場合に、その審査請求に理由があるか否かの本案審理に入らずに行われる裁決のことです。

解説

1 裁決の結論

審査請求の結論である裁決には、「却下」「棄却」「取消し（全部取消しまたは一部取消し）」および「変更」の4種類があります。

「却下」裁決は、不適法な審査請求として、いわゆる「門前払い」されたもので、その多くは、形式審査の段階で「却下」となります。

一方、「棄却」、「取消し」および「変更」は、審査請求の本案審理（実質審理ともいいます。）

がされた上で結論が出される裁決です。この場合、裁決書には、その結論に至る理由が記載されることになります。裁決の種類について、まとめると次のとおりです。

(1) 却下

審査請求が実質審理に入ることなく排斥されるもの。

(2) 棄却

基本的には、請求人の主張が全く認められなかったものは「棄却」裁決となります。しかし、請求人の主張が認められたとしても、別の理由で審判所の認定額が原処分と同じか原処分を上回ることになれば、処分は適法ということになりますので、「棄却」となります（Q4－6）。

(3) 取消し

基本的には、請求人の主張が認められたものは「取消し」となります。このうち、原処分の一部が取り消されたものを「一部取消し」といい、原処分の全部が取り消されたものを「全部取消し」といいます。しかし、請求人の主張が全く認められなかったとしても、別の理由で審判所の認定額が原処分を下回る場合には、処分は違法となり「取消し」となります（Q4－6）。

(4)　変更

棄却や取消しが馴染まない審査請求については、「変更」となります。例えば、納税者が減価償却資産の耐用年数を3年に短縮したいとして、その承認申請書を国税局長に提出していたところ、5年で承認されたとします。それに対して、納税者が不服申立てをした結果、4年との結論が出されれば、「変更」という裁決になります。他にも、納税の猶予に関する処分や、相続税や贈与税の延納条件に関する処分なども「変更」の対象となります。

2　却下されるケース

審査請求が却下されるのは、次のような場合です（不基通（審）92－2）。

(1)　審査請求の対象となった処分が、審査請求をすることのできないものであるとき

例えば、「異議決定」の取消しを求めるために審査請求を行った場合、異議決定は審査請求をすることができないものに当たりますから、却下されます。

(2)　審査請求の対象となった処分が存在しないとき（当該処分が始めから存在しないときのほか、審査請求についての裁決までに当該処分が消滅したときを含む）

例えば、単に延滞税の取消しを求めたケース（延滞税は処分ではないため）、確定申告の取消しを求めたケース、滞納国税を完納して差押解除後にも登記簿に差押処分の記録が残り

信用が失われたから、解除の記録自体を抹消するよう求めたケースなどは却下されます。

(3) 審査請求の対象となった処分が審査請求人の権利または法律上の利益を侵害するものでないとき

例えば、減額の更正処分の取消しを求める審査請求は、減額更正処分がされる前の税額に戻すこと（増額）を求めるものですから、請求人の利益を侵害するものには当たらず、却下されます。ただし、更正の請求に基づいて一部だけが減額更正処分された場合は、更正すべき理由がない旨の通知処分の取消しを求める審査請求をすることができます。

(4) 審査請求の対象となった処分について、既に審判所長の裁決がされているとき

例えば、更正処分についてされた審査請求が、既に裁決されているにもかかわらず、再び同一の更正処分に審査請求を行った場合は、却下されます。

(5) 異議申立てをしないで審査請求をすることにつき正当な理由がないにもかかわらず、異議申立てをしないで審査請求をしたとき

例えば、白色申告について所得税の更正処分を受け、更正通知書に記載された教示が、「異議申立てをすることができる」旨であったにもかかわらず（つまり、審査請求をすることができる旨の教示がなかったにもかかわらず）、異議申立てをせずに直接審査請求をした場合は却下されます。ただし、改正国税通則法施行後は、直接審査請求することが選択可能とな

りますので、同様の問題は生じません。

(6) 審査請求の前置としての異議申立てが不適法であるとき

例えば、8月3日に更正通知書の送達を受けて、法定の異議申立期間（2か月）経過後の10月5日に異議申立てをし、却下の異議決定を受けたにもかかわらず、審査請求を行った場合などは却下されます。なお、改正国税通則法施行後は、法定の申立期間が3か月に延長されます。

(7) 審査請求が法定の審査請求期間経過後にされたとき

例えば、8月3日に異議決定を受けて、法定の異議申立期間（1か月）経過後の9月5日に審査請求を行った場合などは却下されます。

(8) 不備があった審査請求について相当の期間を定めて補正要求を行った場合において、当該期間内に補正されなかったとき

Q4-11 審判所が入手している証拠を見ることはできますか？

A 請求人は、原処分庁が審判所に任意提出した書類等の閲覧をすることができます。なお、改正国税通則法施行後は、その閲覧の範囲が広くなります。

解説

1 書類等の閲覧請求

形式審査を通過した審査請求事件は、実質審理に入りますので、それ以降、請求人は、原処分庁の主張に対する反論と証拠の提出を行うことになります。

国税通則法第96条第2項は、請求人は、原処分庁の主張の根拠を知り、それに対する必要な反論と証拠の提出等攻撃防御の方法を尽くすために、審判官に対して、原処分庁から提出された書類その他の物件の閲覧を求めることができる旨を定めています。

請求人から閲覧請求がされた場合、審判官は、第三者のプライバシーを侵害したり、税務行政上の機密に触れるなど、第三者の利益を害するおそれがあると認めるとき、その他正当な理由があるときは、その閲覧請求を拒否することができます。なお、現行法の下では、この閲覧請求の対象となるものは、原処分庁から任意に提出された書類等の範囲だと解されています。

（ポイント）

閲覧を認めない「第三者の利益を害するおそれがある場合」とは、たとえば密告書、投書、聴取書、決議書、調査書等を閲覧させることにより第三者の利益を害するおそれがある場合などをいいます（不基通（審）96－1）。

2 審判官等が収集した書類等の閲覧

現行法の下では、担当審判官等が調査・審理にあたって収集した証拠書類等については、法令上の規定がないために閲覧することはできません。

しかし、改正国税通則法の施行後は、閲覧の対象範囲が拡大された上に、閲覧のみならず写し等の交付が認められるようになります。

閲覧等の範囲については、改正国税通則法第97条の3第1項によって、同法第96条第1項、2項または第97条第1項第2号の書類等と規定されており、それぞれについては、次のとおりです。審判官が作成した質問調書等は閲覧の対象外です。

・通法96①…請求人等が提出する証拠書類等
・通法96②…原処分庁が提出する証拠書類等
・通法97①二…請求人、原処分庁または関係人等に審判官が提出を求めて留め置いた帳簿書類その他の物件等

（ポイント）

現在、閲覧請求ができるのは、請求人側のみで、原処分庁側からの閲覧請求の制度はありません。しかし、審理手続の透明性を向上させるとともに、当事者間の審理の公平を確保する観点から改正国税通則法が施行された後には、原処分庁も閲覧請求等をすることができるようになります（改正通法97の3《審理関係人による物件の閲覧等》）。

Q4-12 審査請求の結論は、誰がどうやって決めるのですか？

A

複数の審判官等で構成される合議体が中心となって事件の調査・審理を行い、数回にわたる合議を経て「議決」されます。「議決」は、審査請求の結論である「裁決」の基礎となるものです。

解説

1 担当者による調査・審理

審査請求事件は、原処分庁から答弁書（Q4－3）が提出されたときに、担当審判官1名と参加審判官（審判官または副審判官）2名、さらに調査に従事する職員（「分担者」といいます。）が指定されます（※1）。担当審判官や参加審判官は、争点に主眼を置いて、原処分が適法かどうかを議論しながら、事件を審理します。また、担当審判官等は分担者とともに、争点に関する事実確認に必要な調査を行うこともあります。

審理とは、証拠によって認定した事実について、法的な位置づけなどを検討することです。請求人および原処分庁の主張が、法的にどのような意味を持つのか、そして、請求人および原処分庁が、それぞれの法的主張を裏付ける事実としてどのような事実があったと主張するのかを整理し、争点を明確にしていきます。

争点について正しい審理を行うためには、請求人および原処分庁の双方から証拠書類等が積極的に提出される必要があるのですが、事実解明に不十分な場合があったり、請求人および原処分庁から提出された証拠書類等の中に確認を要するものがあったりする場合があります。担当審判官等は、審理を行うために必要があると判断したときは、審査請求人または参加人（※2）の申立て、または職権により、職権調査を行います（※3）。

なお、調査では、具体的には次のようなことが行われます。

① 審査請求人、原処分庁、関係人、その他の参考人に質問すること

② 前記①の者の帳簿書類その他の物件について、その所有者、所持者もしくは保管者に対し、その物件の提出を求め、またはこれらの者が提出した物件を留め置くこと

2 合議

合議は、合議体の構成員（担当審判官（1名）および参加審判官（通常2名））全員が集まり、請求人や原処分庁の主張や証拠書類等について、検討を行う場です。

合議には、事件が合議体に割り当てられた後に最初に行われる「当初合議」や、調査・審理の終盤に行われる「最終合議」、そして「中間合議」などがありますが、必要に応じて、適時に開催されることもあります。

「当初合議」では、主に、原処分の法律上の要件に関して、請求人および原処分庁の主張の相違点の整理や、調査方針の策定などが行われます。「最終合議」では、争点についての判断が公正なものとなっているか十分に検討し、裁決の基礎となる議決が行われます。

3 裁決と議決の違い

裁決は、審査請求に対する国税不服審判所の判断（結論）です。裁決は、合議体の行った議決に基づいて審判所長が行うものです。裁決の内容を記載した裁決書の謄本は、請求人および原処分庁の双方に送付されます。

一方、議決は、裁決の基礎となるもので、担当審判官と参加審判官で構成される合議体のメンバーの意見による結論です。結論について、合議体メンバーの意見がまとまらないときは、過半数の意見によって決定されることになります。なお、議決書は、当事者には送付されません。

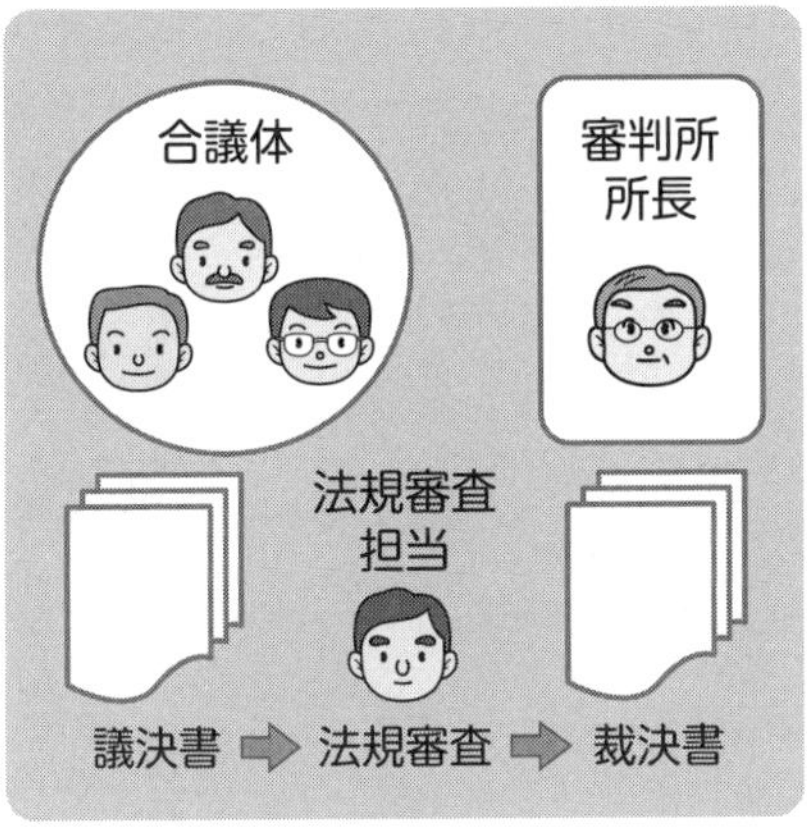

（＊）法規審査とは、合議体が行った議決について、文書審査等を行うことをいいます。

※１　改正国税通則法が施行された後は、形式審査が終わる前に担当審判官を指定することも可能となります。
※２　参加人とは、利害関係人で国税不服審判所長等の許可を得て不服申立てに参加している者のことです（通法１０９）。
※３　改正国税通則法施行後の職権調査は、原処分庁の申立てによる調査も認められるようになります。

V

不服申立ての可否

Q5-1 徴収関係の処分について審査請求はできますか？

A

「国税に関する法律に基づく処分」に該当するものであれば、審査請求の対象となりますが、徴収の一連の流れにおいては、それに該当しないものもあるので、留意が必要です。

解説

1 徴収手続における課税庁の行為

国税の徴収に関する手続である「徴収手続」の一連の流れは次のとおりです（図①）。滞納国税は、図のとおり、督促、差押え、換価、配当といった流れで徴収されていくことになりますが、それぞれが独立した行政処分や事実行為ですので、審査請求の対象となるものかどうかは、それぞれについて確認する必要があります。また、徴収関係では、しばしば滞納者以外の者や処分の名宛人以外の者が審査請求人となることがありますので、請求の利

〈図①〉（参考）徴収手続の流れ

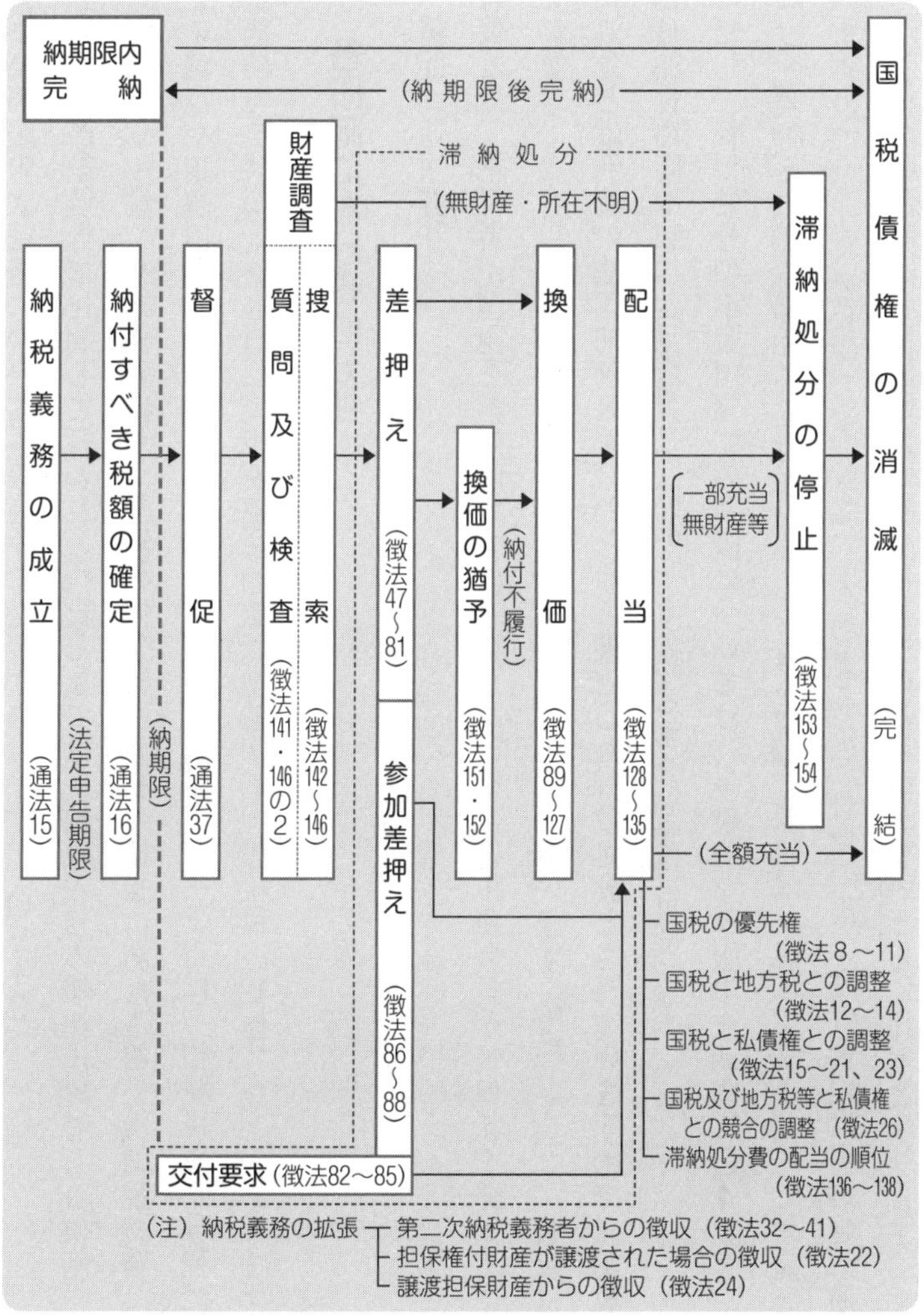

資料：税大講本　http://www.nta.go.jp/ntc/kouhon/tyousyu/mokuji.htm

益および不服申立適格についても検討する必要があります。（Q5－3）

さらに、滞納処分に付随して行われる行為としては、納税義務の緩和措置である換価の猶予（徴法151他）や納税の猶予（通法46他）、納税義務の拡張にあたる第二次納税義務（徴法32～41）や譲渡担保が付された財産からの徴収（徴法24）、さらに、相続税や贈与税に関する延納の申請却下や取消し（相続税法39他）、物納却下（相続税法42他）などがあります。

2 各段階における処分性

(1) 督促（通法37）

督促とは、納税者が国税を納期限までに完納しない場合に税務署長が督促状を発することをいいます。これは、原則として、差押えの前提要件となっています（徴法47①一）。督促は、課税処分とは別個の法律的効果を目的とする独立した行政処分とされていますので（平成5年10月28日福岡地判）、督促処分の取消しを求める審査請求は可能です。

ただし、督促処分の不服申立ての期限については、一般的な不服申立期限（Q4－2）と異なり「差押えに係る通知を受けた日から2月を経過した日」（徴法171①）と規定されていますので、注意が必要です。また、次のように、督促の後に還付金の充当処分（通法57）がされた場合には、督促処分の取消しを求める利益がないとして却下となります。

支部名	広島	裁決番号	平180034	裁決年月日	平190418	裁決結果	却下
争点番号	10110 2050	争点	11不服審査／2国税に関する法律に基づく処分／5督促				
事例集登載頁	裁決事例集には登載しておりません						
裁決要旨							

○ 請求人は、原処分庁が平成16年分の所得税に係る延滞税が未納であるとして行った督促処分を不服として審査請求したが、当該延滞税については、原処分庁が、国税通則法第57条の規定に基づき、請求人の平成18年分の所得税の確定申告により生じた還付金を充当したことにより、その納付義務は消滅したことが認められる。そうすると、請求人が原処分庁から本件督促処分を前提とする滞納処分を受けることはないから、請求人は、もはや本件督促処分の取消しを求める法律上の利益を有しないといわざるを得ず、却下が相当である。（平19・4・18広裁（諸）平18－34）

(2) 財産調査（徴法141～147）

財産調査は、滞納処分の対象となる財産を発見等するために必要とされた場合に行われるもので、徴収職員には、滞納者等に対する質問および財産に関する帳簿書類の検査をする権限（徴法141）ならびに滞納者の物または住居等の場所を捜索する権限（徴法142）が与えられています。財産調査は一種の手続ですから、処分には当たりませんが、その後に続く差押処分の手続違法や権利濫用などに関して争われることがあります。

また、差押えにあたって財産調査をしなかったことは違法理由とはなりません。

支部名	大阪	裁決番号	平150018	裁決年月日	平151009	裁決結果	棄却
争点番号	600401020	争点	4差押え／1差押えの通則／2差押えの効力				
事例集登載頁	裁決事例集No.66・382ページ						
裁決要旨							
○ 請求人は、原処分庁が原処分を行うまでに何ら催告等をせず、請求人の財産調査もしない旨主張するが、差押処分を行うに当たって事前連絡や財産調査をしなければならない旨定めた法令の規定はなく、事前連絡や財産状況の調査をしなかったことをもって、原処分が違法、不当となるということはできない。（平15・10・9大裁（諸）平15－18）							

(3) 財産の差押え（徴法47～88）

差押えは、滞納者の財産の処分を禁止して換価可能な状態にすることを目的として行われる滞納処分における最初の処分です。徴収職員は、滞納者が督促を受け、その督促状を発した日から起算して10日を経過した日までに完納しないときは、滞納者の財産を差し押えなければなりません（徴法47①一）。

また、不動産等についての差押処分は、その公売期日等が不服申立ての期限となっているので注意が必要です（徴法171①二）。

なお、参加差押え（徴法86）は、先行する滞納処分手続に参加してその換価代金から配当を求める手続で、広義でいう交付要求（以下⑷）に含まれます。徴収に関する審査請求のうちの多くは、次のように差押処分の取消しを争うものです。

支部名	名古屋	裁決番号	平130062	裁決年月日	平140415	裁決結果	棄却
争点番号	600401040	争点	4差押え／1差押えの通則／4差押財産の選択				
事例集登載頁	裁決事例集には登載しておりません						
裁決要旨							

○　請求人は、原処分庁が本件更正処分に伴う所得税の滞納処分として本件差押処分をしたが、差押の物件を請求人に事前に相談せず不動産としたのは違法であるので、本件差押処分は取り消されるべきである旨主張する。しかしながら、差押処分は、法律をもって特に除外したもの以外は、滞納者の有するいかなる財産についても実施することができると解されており、また、滞納者が複数の財産を有する場合に、いかなる財産を差し押さえるかについては国税徴収法は一般的基準を設けておらず、差押財産の選択は徴収職員の合理的裁量に委ねられてると解されている。また、差押処分を行うに当たり、滞納者の納付する意思を尊重し、滞納者の了解を得なければならない旨を定めた法令の規定はなく、仮に原処分庁が滞納者の了解を得ず、また、滞納者に対し差押処分を行う旨の説明をしなかったとしても、差押処分が違法となるものでない。（平14・4・15名裁（諸）平13－62）

(4)　**交付要求**（徴法82～88）

交付要求とは、滞納者の財産に既に強制換価手続が開始されている場合に、その手続に参加して、滞納国税への交付（配当）を求める手続です。交付要求は自ら強制的に滞納国税の徴収を実現させるものではない点において差押えとは異なりますが、審査請求では処分性があると解されています。

支部名	名古屋	裁決番号	平240025	裁決年月日	平250220	裁決結果	棄却
争点番号	600501000	争点	5交付要求等／1交付要求の通則				
事例集登載頁	裁決事例集には登載しておりません						
裁決要旨	○ 請求人は、原処分庁の行った交付要求（本件交付要求処分）は、その起因となった強制換価手続に違法があることから、本件交付要求処分も違法又は不当がある旨主張する。しかしながら、当該強制換価手続が本件要求処分前に取り消された事実は認められず、また、原処分庁は、裁判所による競売の開始決定に基づき交付要求を行っていることから、本件交付要求処分は適法に行われている。（平25・2・20名裁（諸）平24－25）						

(5) 財産の換価（徴法89～127）

換価とは、差押財産を強制的に金銭に換える手続です。一般的には差押財産を売却することをいいますが、広義では、債権（徴法67、89②）、有価証券（徴法57①）、無体財産権（徴法73⑤、73の2④）の金銭による取立ても換価に含まれます。つまり、差押財産が債権等（債権、有価証券、無体財産権）の場合は取立て、金銭の場合は充当（徴法56③、129②）、金銭および債権等以外の場合は公売（徴法94）をいいます。例外的に、随意契約による売却（徴法109）や国による買入れ（徴法110）もあります。

換価に関する審査請求の多くは公売（徴法94～108）に関するものですが、公売とは、公売広告、公売の通知、見積価額の決定および公告、公売保証金の提供、入札、最高価申込者の決定、入札終了の告知、売却決定、買受代金の納付などの一連の流れをいいますので（図②）、どの処分を審査請求の対象とするのかを明らかにする必要があります。

財産の換価に関して、審査請求の対象とされた事例には、次のようなものがあります。

○「公売公告」を対象とする審査請求

支部名	東京	裁決番号	平160047	裁決年月日	平160915	裁決結果	棄却
争点番号	600602000	争点	6財産の換価等／2公売公告				
事例集登載頁	裁決事例集には登載しておりません						
裁決要旨							

○　請求人は、本件公売公告は、公売公告の日から公売の日までの期間に年末年始を挟むものであり、このような時期を挟んでの公売手続は、請求人の資金繰り事情を考慮しない不当なものであるから、本件公売公告に係る公売の取消しを求める旨主張する。しかし、本件公売公告は、公売の日から10日前までに適法になされており、また、公売公告期間に年末年始を挟んではならないとする法令等の規定はないことから、請求人の主張には理由がない。（平16・9・15東裁（諸）平16－47）

○「最高価申込者の決定」を対象とする審査請求

支部名	名古屋	裁決番号	平100051	裁決年月日	平110125	裁決結果	棄却
争点番号	600060 6000	争点	6財産の換価等／6最高価申込者の決定				
事例集登載頁	裁決事例集には登載しておりません						
裁決要旨							

○　入札者を最高価申込者として決定するためには、入札者が、①入札の価格が見積価額以上で

〈図②〉（参考）不動産等の公売手続の一般的な流れ ―期日入札の場合―

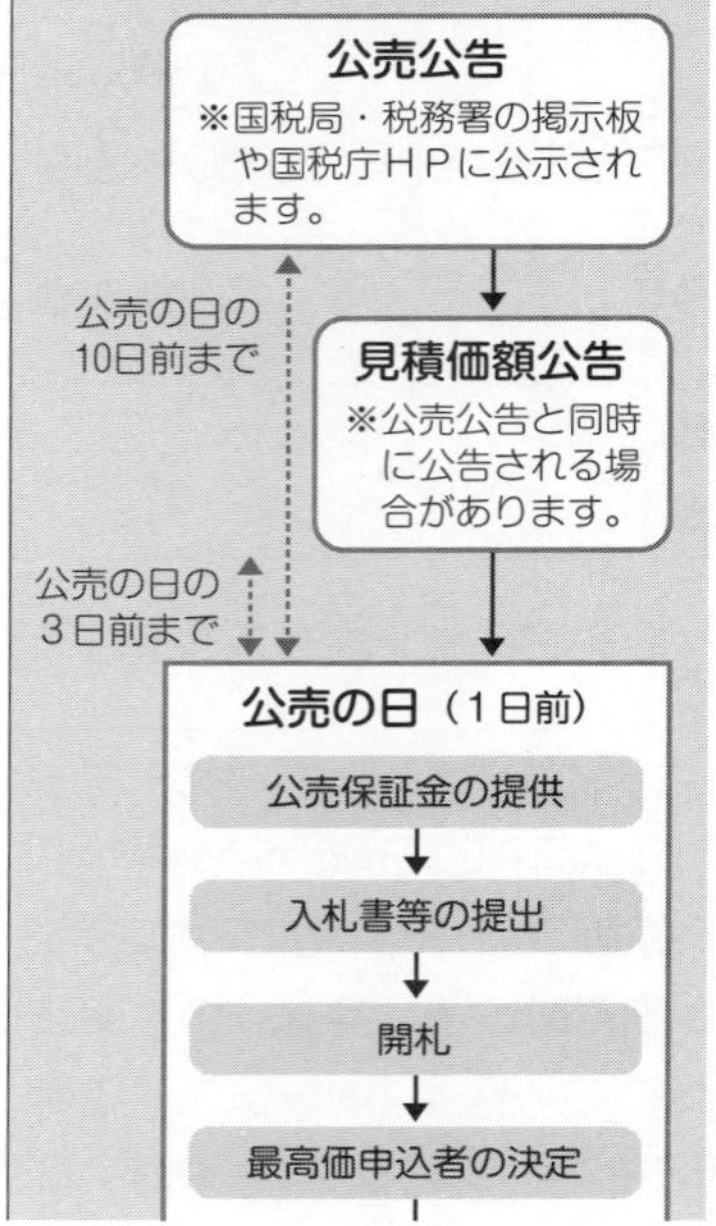

入札書等の提出

公売の流れ（概要）

1　公売の日まで

※国税局・税務署の掲示板や国税庁ＨＰに公示されます。

- 公売の日の10日前までに国税庁ＨＰ等に公売情報が掲載されますので、公売条件等（日時、方法、財産情報の詳細、その他留意事項等）を確認してください。
- 見積価額については、公売の日の３日前までに掲載されます。
- 買受けを希望する財産について、関係公簿等や現況確認等により、必要な情報の収集を行ってください。
- 買受適格証明書等、入札参加の条件となっている書類がある場合は、必要な書類を準備してください。
- 公売保証金を準備してください。

2　公売の日

公売の日の主な流れは次のとおりです。

- 必要書類を提出してください。
- 公売保証金を提供してください。
- 係員の説明に従って入札を行ってください。
- 見積価額より低い金額では落札できません。
- 入札の結果が読み上げられます。
- 入札金額が最も高かった方が、最高価申込者として決定されます。

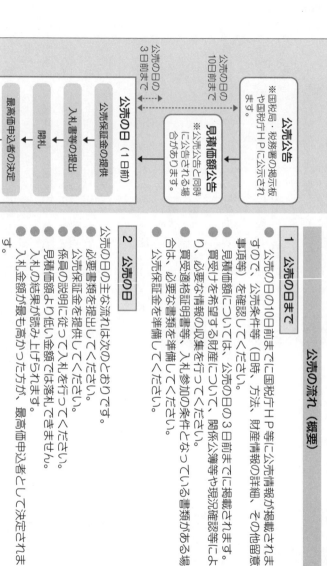

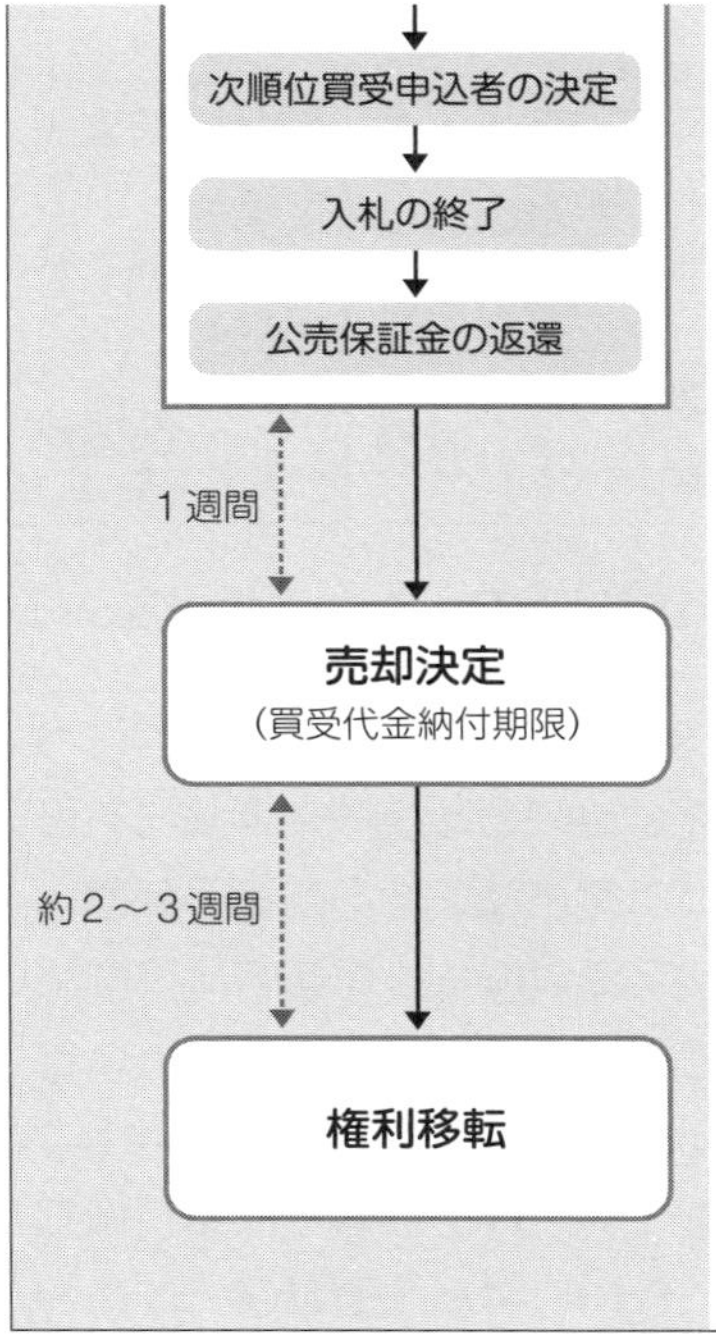

- 落札できなかった方には公売保証金が返還されます。（公売を妨害した場合など、公売保証金が返還されない場合があります。）

3　売却決定

- 売却決定の日までに買受代金の全額を納付する必要があります。
- 期限までに買受代金が納付されない場合は、売却決定が取り消され、公売保証金は返還されません。

4　権利移転

- 引渡しや登記に必要な書類、費用（送料、登録免許税等）などについては、落札された方が準備する必要があります。
- 所有権移転登記については国税局・税務署が行います。

資料：国税庁「公売情報」ホームページ＞公売手続の一般的な流れ　https://www.koubai.nta.go.jp/auctionx/public/doc/flow.html

あり、かつ最高の価額の者であること、②入札に先だって必要な金額の公売保証金を納付していること、③滞納者でないこと、④公売実施の適正化のための措置により入札をすることができない者に該当しないこと、⑤一定の資格を必要とするときは、その資格を有する者であることの要件をすべて具備していることを要するが、本件決定処分は、上記の要件を具備した者になされており、また、徴収法第95条ないし同法第108条に規定する一連の公売手続に瑕疵はなく、本件決定処分に違法・不当な点は認められない。したがって、請求人は売却決定期日前に新聞に本件不動産の販売の公告が掲載されたこと、及び請求人の入札予定価格が事前に漏れていることを理由に、本件決定処分の取消しを求めているが、取消しすべき理由には当らず請求人の主張は採用できない。（平11・1・25名裁（諸）平10－51）

○差押不動産が相当期間換価されなかったことの不当性

支部名	関信	裁決番号	平190044	裁決年月日	平200522	裁決結果	棄却
争点番号	600699000	争点	6財産の換価等／8その他				
事例集登載頁	裁決事例集には登載しておりません						

裁決要旨

○ 請求人は、差押不動産の換価をせず、放置したことは不当である旨主張するが、原処分庁等が当該差押不動産の換価をしなかったのは、請求人の所在が不明であったこと、及び、原処分庁所属の徴収職員が請求人に対して当該不動産の任意売却による滞納国税の納付の申出に応じていることなどを考慮して判断したことによるものと認められるから、相当期間差押不動産が換価されなかったとしても直ちに不当ということはできない。（平20・5・22関裁（諸）平19－44）

一方、換価に関する審査請求で却下される（不適法とされる）事例としては、次のようなものがあります。

なお、これらの裁決結果が「却下」ではなく「棄却」とされているのは、複数の争点があったためと考えられます。

○「公売通知」を対象とする審査請求（国税に関する法律に基づく処分に当たらない）

支部名	東京	裁決番号	平180250	裁決年月日	平190522	裁決結果	棄却
争点番号	60060 3000	争点	6財産の換価等／3公売の通知				

事例集登載頁	裁決事例集には登載しておりません

裁決要旨

○　請求人は、公売通知は公売実施の要件であるから不服申立ての対象になるとして、公売通知について審査請求をしている。

しかしながら、公売通知の目的は、公売公告をしたときに、滞納者には最後の納付の機会を与えるため、また、抵当権者等の第三者には公売参加の機会を与えるため、公売の日時、場所等の事項を通知するものであり、公売通知自体は滞納者の権利義務その他の法律上の地位に新たに影響を及ぼすものではない。

したがって、本件公売通知は、国税通則法第75条第1項に規定する「国税に関する法律に基づく処分」には該当しないから、公売通知についての審査請求は不適法である。（平19・5・22東裁（諸）平18－250）

○「見積価額の決定」を対象とする審査請求（国税に関する法律に基づく処分に当たらない）

支部名	東京	裁決番号	平240032	裁決年月日	平240802	裁決結果	棄却
争点番号	600605000	争点	6財産の換価等／5見積価額の決定				

事例集登載頁	裁決事例集には登載しておりません
裁決要旨	
○ 見積価額は、公売財産の最低売却価額としての性質を有するにすぎず、見積価額公告によって、公売財産の所有者の権利義務その他法律上の地位に影響を及ぼすものと解することはできないから、見積価額公告の取消しを求める審査請求は、通則法第75条第1項に規定する国税に関する法律に基づく処分が存在しないにも関わらずなされた不適法なものである。（平24・8・2東裁（諸）平24－32）	

3 課税と徴収との関係

国税の課税に関する処分と徴収手続は、目的も異なる別個の手続であることから、課税処分の違法性は、原則として徴収手続の違法に承継しないと解されています。

つまり、滞納処分の取消しを求める理由として課税処分の違法を主張しても、その主張には理由がないとして排斥されるということです。

支部名	広島	裁決番号	平080023	裁決年月日	平081031	裁決結果	棄却
争点番号	60010 1000	争点	1総則／1課税処分等と徴収処分等との関係				
事例集登載頁	裁決事例集には登載しておりません						

裁決要旨

○　課税処分は、納税義務を具体化し、確定させることを目的とするものであるのに対し、滞納処分は、確定した納税義務の強制的な履行を目的とするものであり、両者は別個の法律的効果の発生を目的とするそれぞれ独立した行為である。したがって、仮に課税処分に違法の瑕疵があっても、その違法性が滞納処分に承継されることはなく、課税処分に明白かつ重大な瑕疵があって当然無効か、又は課税処分が取り消されない限り、課税処分の違法を理由として滞納処分の取消しを求めることは許されないというべきである。（平８・10・31広裁（諸）平８－23）、（平９・２・３仙裁（諸）平８－22）、（平９・３・26関裁（諸）平８－71）

Word「無効な行政処分」

無効な行政処分とは、その処分に重大（かつ明白）な瑕疵があるために、当初からその内容に適合する法律効果を生じない行政行為をいいます。違法な行政処分に対する取消しは一定期間が経過すると、処分された者はその違法を主張し得なくなりますが、無効な行政処分については、期間に制限なくその無効を主張することができます。

コラム 「徴収の猶予等」

不服申立てがあっても、原則として、その不服申立ての目的となった処分の効力、処分の執行または続行は妨げられません。不服申立てがある都度、処分の執行を停止等していては行政の運営を阻害すると考えられるからです。これを「執行不停止の原則」といいます（通法105）。ただし、滞納処分による換価は、不服申立てがあれば原則として停止されます。換価がされてしまうと、後に不服申立てが認容されても損害が回復できなくなるからです。

また、執行不停止が原則ですが例外的に、異議審理庁または国税不服審判所長は、必要があると認めたときは、申立てによりまたは職権で徴収の猶予または滞納処分の続行の停止をすることができます。この「必要があると認めるとき」とは、処分の取消しが見込まれる場合や納税者の誠意や資力の状況からみて、徴収の猶予等をしても徴収不足を生じるおそれがないと認められる場合等をいうと解されています（不基通（異）105－2）。

さらに、不服申立人は、徴収の猶予等がされない場合においても担保を提供して、差押えをしないことまたは既にされている差押えを解除すべきことを異議審理庁または国税不服審判所長に求めることができます。

Q5-2 調査担当者の対応に不満があります。審査請求はできますか？

A 更正処分自体の取消しを求めるつもりがないのであれば、審査請求をすることはできません。仮に、審査請求をしたとしても不適法な審査請求として却下されます。

解説

1 国税に関する法律に基づく処分

審査請求は、「国税に関する法律に基づく処分」について不服がある場合に、その取消しを求めてするものです。税務調査そのものは、処分ではありませんので、審査請求の対象とはなりません。

「国税に関する法律」とは、国税通則法、国税徴収法、所得税法、租税特別措置法など、国税の課税標準、税率、納付すべき税額の確定、納付、徴収、還付等、国と納税者の権利義務に関する事項を規定している法律を指します。不服申立ての対象となる処分には、次のようなものがあります。

① 課税標準等または税額等に関する更正（通法24）、決定（通法25）および再更正（通法26）
② 更正の請求（通法23）に対する更正すべき理由がない旨の通知処分
ただし、更正の請求の一部が認められて減額更正がされた場合、その減額更正通知書は、認められなかった部分につき「更正すべき理由がない旨の通知処分」が包含されると考えられることから、不服申立てをすることができます。
③ 加算税の賦課決定処分
過少申告加算税（通法65）、無申告加算税（通法66）、不納付加算税（通法67）および重加算税（通法68）の賦課決定処分
④ 青色申告の承認取消処分（所法150、法法127）
⑤ 滞納処分（Q5-1）
⑥ 減価償却期間の短縮申請を拒否する行為等税法上の各種申請を拒否する行為

2 調査手続の違法主張

納税者が、税務調査への不満を争うのでなく更正処分そのものの取消しを争うのでしたら、当該更正処分を対象として審査請求をすることは可能です。

更正処分の取消理由については、実体的な違法（税法の適否）とは別に、手続違法として「調査手続の違法」を主張することもできます。もっとも、国税に関する法律に基づく処分が、調査手続の違法で取り消されるのは非常にレアなケースです。

次に、納税者の主張は認められていませんが、調査手続の違法が主張された事例を紹介しておきます。

（事例） 平成21年7月2日裁決（国税不服審判所ホームページ）

> 請求人は、原処分に係る調査を担当した職員が身分を明らかにせず客になりすまし請求人の承諾を得ることなく従業員に対して事業内容等を質問した行為は、所得税法第234条《当該職員の質問検査権》第1項及び同法第236条《身分証明書の携帯等》に違反し違法である旨主張する。しかしながら、税務官署として更正・決定の場合のみならず、それ以外の場合にあっても、一定の処分をするか否かを認定判断する必要がある場合には、

税務職員にはそのために必要な範囲内で質問検査によることなく職権による調査をすることもできると解されるところ、その具体的な手法は、その調査の必要性と相手方の私的利益との比較衡量において、質問検査に至らない範囲で、かつ、社会通念上相当な限度にとどまる限り、調査を担当する税務職員の合理的な裁量に任されているというべきであり、本件においては、調査担当職員は、請求人の経営する店舗に臨場する日の前に、客として同店舗に訪れ、従業員との話の中から1日の客数や従業員数等の業務様態についての情報等を収集したものであるが、これは調査担当職員が、請求人の正しい所得を把握するため、質問検査に至る前段階として、必要な情報を収集したというべきものであり、その情報収集の方法は、社会通念上相当な限度にとどまっていると認められ、これについて合理的な裁量の範囲を逸脱するような違法は認められないから、調査が違法であるとの請求人主張は採用できないというべきである。

Q5-3

相続税の減額更正処分を受けましたが、他の相続人が取得した財産がもれています。その処分の取消しを求めることはできますか？

A

減額更正処分による納税額の減少や還付金額の増額は、納税者にとって、不利益なものではありませんから、その更正処分の取消しを求める利益はないとして、審査請求をすることはできません。

解説

1 請求の利益（不服申立ての利益）

審査請求（不服申立て）は、国税に関する法律に基づく処分に不服がある者であっても、その処分によって自己の権利または法律上の利益が害されている者でなければできません。つまり、原処分の理由に不服があったとしても、申立人の権利または利益を侵害するものではない処分に対する審査請求は、請求の利益がないとして却下（Q4－10）されることになります。

「請求の利益」について直接規定した法律はありませんが、この考え方は、不服申立制度の趣旨目的および行政訴訟の法理に基づくものと解されています。

> この法律は、行政庁の違法又は不当な処分その他公権力の行使に当たる行為に関し、国民に対して広く行政庁に対する不服申立てのみちを開くことによって、簡易迅速な手続による国民の権利利益の救済を図るとともに、行政の適正な運営を確保することを目的とする（行政不服審査法第1条第1項）。

例えば、次のように、課税標準や税額が変わらない場合や、それらを減額する処分については、その取消しを求める審査請求には請求の利益はないということになります。

① 不動産所得400万円、事業所得600万円、総所得金額1000万円で確定申告をした納税者が、不動産所得500万円、事業所得400万円、総所得金額900万円で更正処分を受けた（所得控除や税額控除は変動がないものとします。）。

↓この更正処分は、不動産所得が100万円増額しますが、更正処分全体では減額更正処分ですから請求の利益はありません。

② 雑所得を事業所得に変更する更正処分を受けたが税額は変わらなかった。

↓この更正処分には、通常、税額の変更がないので、請求の利益はありません。

その他、請求の利益がないとされた事例には次のようなものがあります。

・還付金の額に相当する税額を増加させる更正処分に対する審査請求（平成10年2月6日裁決他）

・他の共同相続人名義である資産を相続財産に加えるべきとの審査請求（↓請求人の主張によれば、原処分の課税価格及び税額を超える。）（平成10年3月30日裁決）

・事業年度の欠損金額を増額させる更正処分および翌事業年度において翌期へ繰り越す欠損金を増加させる更正処分に対する審査請求（平成15年9月5日裁決）

・請求人の確定申告による納付すべき税額を減額させる更正処分に対する審査請求（平成17年3月29日裁決）

・相続税の延納税額の分納額の取消しを求める審査請求（平成19年1月24日裁決）

2 更正の請求に対する減額更正処分

納税者が更正の請求をしたことに対してその全部を認める減額更正処分がされた場合、その減額更正処分の取消しを求める利益はありません。

しかし、更正の請求をした場合に、その一部についてのみ認容する減額更正処分があった

更正の請求 ➡ 更正の請求全部認容

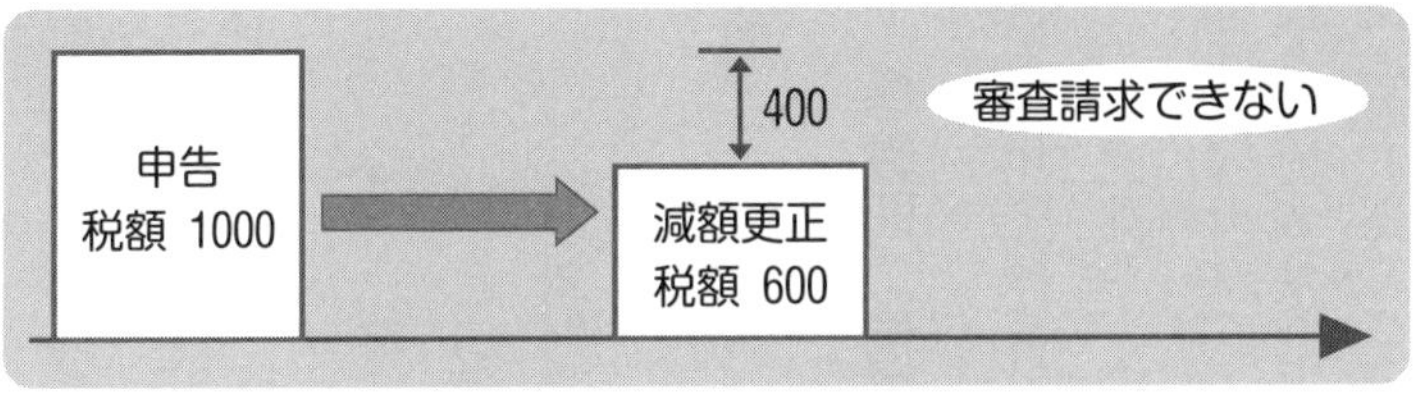

更正の請求 ➡ 更正の請求一部認容

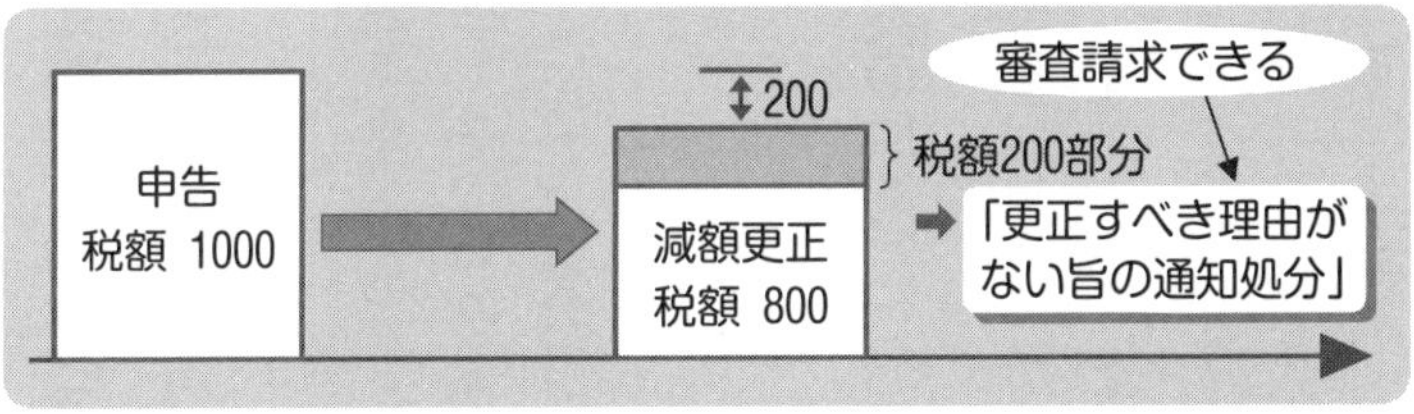

場合には、更正の請求の他の部分について、「更正すべき理由がない旨の通知処分」があったことになりますから、その通知処分に対して審査請求をすることはできます。

Q5-4 過去の調査では認められたのに、今回は認めないと処分されました。審査請求はできますか？

A 単に「前回調査で認められたから、今回の調査でも認められるべきである。」という理由で、その処分自体が違法になることはありません。もっとも、「信義則違反」として、処分の取消しを求める審査請求は可能です。

解説

1 信義則（信義誠実の原則）

例えば、①今までの調査で、指摘されなかったのに今回は否認された。②税務署職員の指導どおりに処理したのに、今回それに反する処分がされた。③従前、納税者の処理には問題がないと言われたのに、今回それに反する処分がされた。このようなことに関して、信義則違反として処分の取消しが主張されるケースがあります。

民法第1条第2項は、「権利の行使及び義務の履行は、信義に従い誠実に行わなければならない。」と規定しています。これは、人は具体的事情の下において相手方から一般に期待される信頼を裏切ることのないように、誠意をもって行動すべきであるという考え方の現れであり、「法の一般原理」として、税法の分野にも及んでいます。

課税処分に関する信義則について、最高裁は次のように判示しています。

最三小判昭和62年10月30日（判時1262号91頁）

租税法規に適合する課税処分について、法の一般原理である信義則の法理の適用により、右課税処分を違法なものとして取り消すことができる場合があるとしても、法律による行政の原理なかんずく租税法律主義の原則が貫かれるべき租税法律関係においては、右法理の適用については慎重でなければならず、租税法規の適用における納税者間の平等、公平という要請を犠牲にしてもなお当該課税処分に係る課税を免れしめて納税者の信頼を保護しなければ正義に反するといえるような特別の事情が存する場合に、初めて右法理の適用の是非を考えるべきものである。そして、右特別の事情が存するかどうかの判断に当たっては、少なくとも、税務官庁が納税者に対し信頼の対象となる公的見解を表示したことにより、納税者がその表示を信頼しその信頼に基づいて行動したところ、のちに右表示に反する課税処分が行われ、そのために納税者が経済的不利益を受けることになったものであるかどうか、また、納税者が税務官庁の右表示を信頼しその信頼に基づいて行動したことについて納税者の責めに帰すべき事由がないかどうかという点の考慮は不可欠のものであるといわなければならない。

この判示は、課税の公平を犠牲にしても納税者の信頼を保護しなければ正義に反するといえるような特別の事情がある場合に、信義則の適用の是非を考えるべきだと言っています。つまり、仮に「特別の事情」がある場合でも、即座に適用されるのではなく、そこで初めて、適用の是非を考えることができるというのです。

そして、「特別の事情」に関しては、「少なくとも」次のような点を考慮しなければならないと述べています。

① 税務官庁が納税者に対し信頼の対象となる公的見解を表示したこと
② 前記①により納税者がその表示を信頼しその信頼に基づいて行動したこと
③ 後に、①の表示に反する課税処分が行われて、納税者が経済的不利益を受けたこと
④ 納税者が①の表示を信頼し行動したことについて納税者の責めに帰すべき事由がないこと

①については、税務署の担当者レベルが述べた見解は「公的見解」には当たりません。また、最高裁は、①から④の事情が「最低限必要」だと言います。つまり、仮に上記の要件が満たされたとしても、必ずしも信義則の適用がされるわけではないとしているのですから、その適用には、相当なハードルがあります。

なお、信義則の法理は、「禁反言の法理」とほぼ同様だと理解して差し支えありません。

2 裁決事例

前記でみたとおり、信義則はそう簡単に適用されるものではありませんし、実際の事例では、そもそも前提事実を欠く場合が多いのです。つまり、例えば「指導どおりに処理したのに認められないのは違法である。」と主張したケースでは、指導の事実は認められないという点で排斥されています（※1）。また、申告相談における指導内容に反する更正処分は信義則に反するとの主張に対しては、公的見解を表明する等には当たらないと排斥されています（※2）。なお、「税務署担当者から指導されなかった」との主張は、単なる不作為であって、信義則違反に当たらないことは言うまでもありません。

3 誤指導による加算税の取消し

信義則違反により課税処分が取り消されることは、通常はありません。しかし、誤指導の事実は、国税通則法第65条《過少申告加算税》第4項等の各加算税が課されないものとされる「正当な理由」に当たり、加算税の取消理由となります（※3）。

（事例） 那覇地裁平成8年4月2日

（概要）納税者は、税務署職員に対して、株式売買に係る所得税の申告について複数回相談したにもかかわらず説明が誤っていたとして、信義則違反による処分の取消しを求め、さらに「正当な理由」による過少申告加算税の賦課決定処分の取消しを求めました。

裁判所は、信義則が適用される特別の事情は認められないとして本税の更正処分は取り消しませんでしたが、過少申告加算税については、「各税務署職員が、税務官庁の公的見解とはいえないとしても、いずれも誤った回答をしたことにその原因がある。」として、その賦課決定処分を取り消しました。

※1 「前回調査における前回調査担当者の指導に基づくものであるから、これを認めないとする原処分は、禁反言の法理に反し、違法である旨主張する。しかしながら、請求人が主張する内容の指導があったとは認められないから、禁反言の法理の適用の要否を検討するまでもなく、請求人の主張には理由がない。」（平成21年3月13日裁決）

※2 「一般に申告相談における指導は、税務署職員が、具体的な調査を行うこともなく、相談者の申立てのみに基づきその申立ての範囲内で、行政サービスとして申告をする際の参考にしてもらうために、税務署の一応の判断を助言として示すものであって、仮に課税にかかわる個別具体的なものであったとしても、その助言内容どおりの納税申告をすれば必ずその申告内容を是認するということまでを意味するものではなく、最終的にいかなる納税申告をすべきかは納税者の判断と責任に任されているというべきであり、申告相談における助言は、税務官庁が公的見解を表明する等のものとはいえないと解するのが相当である。」（平成18年1月19日裁決）

※3 例えば、「申告所得税及び復興特別所得税の過少申告加算税及び無申告加算税の取扱いについて（事務運営指針）」第1の1(4)

巻末資料A－1　争点整理表（標準様式）（Q１－５）

争　点　整　理　表

＿＿＿＿署　＿＿＿＿部門：担当＿＿＿＿＿＿

作成理由〔　　　　　　　〕類型（　　　）

起　案	・　・	署審理担当者の確認日	・　・		
決　裁	・　・	署審理専門官の確認日	・　・		
署　長	副署長	筆頭統括官	審理専門官等	担当統括官等	担当者

納税者名	（　　　）	関係税目		処理見込	□更正 □決定 □重加算税賦課 □（　　　）	関係法令等	＿＿法＿＿条＿＿項 ＿＿法＿＿条＿＿項 ＿＿法＿＿条＿＿項 ＿＿＿＿＿＿	調査着手日 （　・　・　）

〔争点の概要〕

〔争点に係る法律上の課税要件〕

〔調査担当者の事実認定（又は法令解釈）〕	〔納税者側の主張〕
〔上記の根拠となる事実、証拠書類等〕	〔上記の根拠となる事実、証拠書類等〕

〔審理担当者等の意見〕

局整理欄	局主務課への上申日（平　．．）	指導事項等	（平　．．）	（平　．．）	（平　．．）
	局審理課（官）への支援要請日（平　．．）				
	処理方針（平　．．） 〔□更正、□決定、□（　　　）〕				

【類型区分】Ⅰ類型：署審理担当者説明事案、Ⅱ類型：署審理専門官説明事案、Ⅲ類型：局上申事案、Ⅳ類型：庁上申事案

巻末資料A－2　事実関係時系列表（Q１－５）

事 実 関 係 時 系 列 表　　納税者名（＿＿＿＿＿＿）

年 月 日	事実関係（納税者等が主張する事実を含む。）	左の事実を示す証拠
. .		
. .		
. .		
. .		
. .		
. .		
. .		
. .		
. .		
. .		
. .		
. .		
. .		
. .		
. .		
. .		
. .		
. .		
. .		
. .		
. .		
. .		
. .		
. .		

※　「左の事実を示す証拠」の欄には、申告書、契約書など、記載した事実を確認した資料と編てつ場所を記入します。
※　この表は、納税者等の主張の変遷状況を検討する場合にも活用できます。

巻末資料A－3 「争点整理表」の記載要領（Q１－５）

「争点整理表」の記載要領

1　「争点整理表」は、署調査担当者等において次のとおり記載する。

(1)　「署」「部門」「担当」欄には、調査を担当する署名、部門名、担当者名を記載する。

(2)　「作成理由」欄には、争点整理表の作成基準の該当事由を「重加算税賦課事案」「更正見込み事案」「青色承認取消し事案」「７年遡及事案」「重審付議事案」「調査困難事案」などと記載する。

(3)　「類型」欄には、署担当統括官等が一義的に判断した類型を記載する。争点整理表の作成後、署審理専門官等、筆頭統括官及び署長又は副署長の判断により類型の訂正を行った場合には、訂正後の類型を記載する。

Ⅰ類型　：　署審理担当者説明事案
Ⅱ類型　：　署審理専門官説明事案
Ⅲ類型　：　局上申事案
Ⅳ類型　：　庁上申事案

(4)　「署審理担当者の確認日」欄には、争点等に関する検討結果について、署審理担当者から意見があった年月日を記載する。

(5)　「署審理専門官の確認日」欄には、当該事案がⅡ類型以上の事案である場合、争点等に関する検討結果について、署審理専門官から意見があった年月日を記載する。

(6)　「納税者名」欄には、調査対象の納税者名（整理番号）を記載する。

(7)　「関係税目」欄には、争点等の対象となった税目を記載する。

(8)　「処理見込」欄には、当該事案の処理見込みについて、該当するものにレ印を付ける。

(9)　「関係法令等」欄には、争点の対象となった税法、該当条文、通達を記載する。

(10)　「調査着手日」欄には、調査に着手した年月日を記載する。

(11)　「争点の概要」欄には、当該事案について争いとなっている項目、又は争いとなることが見込まれる項目又は争点整理表の作成基準の該当事由に係る主たる非違事項を記載する。

(12)　「争点に係る法律上の課税要件」欄には、その争点等に係る処分を行うに当たって、法律上満たすべき要件を記載する。

(13)　「調査担当者の事実認定（又は法令解釈）」「上記の根拠となる事実、証拠書類等」欄には、その争点等に係る処分を行うに当たって、争いのある事実関係又は認定すべき事実関係に対して、調査担当者が調査の過程の中で把握した事実関係を記載するとともに、その根拠となった証拠書類等を記載する。

　また、法令解釈に関することについて争いがある場合には、その争点等に対する法令解釈の内容を記載する。

(14)　「納税者側の主張」「上記の根拠となる事実、証拠書類等」欄には、調査担当者の事実認定に対して納税者側が主張した事実関係を対比させて記載する。

(15)　「審理担当者等の意見」欄には、その争点等に係る証拠の収集・保全及び事実関係に即した事実認定並びにこれに基づく法令の適用が適切に行われているか、審理面から多角的な検討を行った結果を記載する。

2　局整理欄は、局主務課において次のとおり記載する。

(1)　「局主務課への上申日」欄には、当該事案がⅢ類型以上の事案である場合、署から局主務課に上申があった年月日を記載する。

(2)　「局審理課（官）への支援要請日」欄には、当該事案が局審理課（官）への支援要請を必要とする事案である場合、局主務課から局審理課（官）へ「争訟見込み事案に対する支援の実施事績票（課税部事案用）」(注)を交付した年月日（支援要請日）を記載する。

(注) 平成21年6月30日付課審1－24ほか7課共同「争訟見込み事案に対する支援等に係る事務処理手続について」（事務運営指針）参照

(3)　「処理方針」欄には、局主務課が当該事案に係る最終的な処理方針を署担当統括官等に指示した年月日を記載し、その処理方針の内容について該当するものにレ印を付ける。

(4)　「指導事項等」欄には、局主務課が争点の検討を行った後、署担当統括官等に対して指導を行ったその年月日と指導内容を記載する。

3　「事実関係時系列表」は、署調査担当者において次のとおり記載する。

(1)　「年月日」「事実関係（納税者等が主張する事実を含む。）」欄には、争点等に係る課税要件に関する事項・事実関係を発生年月日順に記載する。また、事実関係は、調査担当者が把握した事実関係のほか、納税者等が主張した事実関係も併せて記載する。

(2)　「左の事実を示す証拠」欄には、「事実関係（納税者等が主張する事実を含む。）」欄に記載した個々の事実関係について、その事実を裏付けるための証拠資料を対比させて記載する。

巻末資料B－1　争点整理表（大阪国税局法人課税課研修資料）（Q1－5）

争点整理表

広域運営を行う特官の調査事案の場合は、署名欄に対象署名を記載、部門欄に所属部署（例「大津署 特官」）を記載

＿＿＿署＿＿＿部門：担当＿＿＿

起案	・・	審理事務担当者の確認日	・・
決裁	・・	審理専門官の確認日	・・

署長	副署長	第一統括官	審理事務担当者等	担当統括官等	担当者

作成理由	□重加算税賦課事案　□争訟見込み事案　□青色承認取消し事案 □重審付議事案　□調査困難事案　□長期仕掛事案 □７年遡及事案　□その他［　　　］	類型	［　　］類型

納税者名	（　　　）	関係税目	□法人税 □消費税 □源泉所得税 □（　　　）	処理見込	□更正 □決定 □重加算税賦課 □（　　　）	関係法令等	＿法＿条＿項　＿法＿条＿項 ＿法＿条＿項　＿法＿条＿項 ＿法＿条＿項　＿法＿条＿項	調査着手日 （　・　・　）

項目 （争点に係る課税要件・否認仕訳）	納税者等の主張 （根拠となる事実、証拠書類等）	調査担当者の主張 （根拠となる事実、証拠書類等）	整理欄 （審理事務担当者等の意見）
□　見出し項目だけでなく、課税要件についての記載がされているか。 □　年度別に否認仕訳が記載されているか。	□　主張（意見）又は指摘事項の認否を端的に記載するものであり、事案の概要や否認内容の説明ばかり記載していないか。 □　課税要件事実に係る納税者側の主張について具体的（調査担当者の事実認定に対して納税者側が主張した事実関係を対比させる等）に記載しているか。 □　納税者の主張に変更があった場合、変更後の主張には、変更年月日と変更した主張の要旨を記載しているか。 □　納税者から証拠書類の提出があった場合は、これについても記載を行っているか。 □　「売上除外をした」や「個人的に費消した」というような、部内用語を使用せず、納税者自身の言葉で記載しているか。 □　争訟が見込まれる事案か否かが明らかであるか。	□　課税要件に基づき調査担当者が認定した事実及び根拠を具体的に記載しているか（調査の進行状況、予定、処理方針等課税要件事実と関係ない情報を記載していないか。また、納税者が自認していることから事実関係の記載を省略しているものでないか。）。 □　調査担当者による事実認定とこれらに係る事実や証拠を明確に区分して記載しているか。 □　納税者が自認している場合であっても、必要最低限の証拠書類を収集しているか。 □　証拠書類についてきちんと記載しているか。	□　調査中の争点整理表の場合は、不足している課税要件事実等及び補完するために必要な証拠書類を記載しているか。 □　審理面からの多角的な検討結果を記載しているか。

【自認の事実について】
自認の事実の明確化に資するよう「自認ボックス」を使用する。

局整理欄	局主務課連絡日（平　．　．　）	局審理課連絡日（平　．　．　）	処理（平　．　．　）〔□更正、□決定、□（　　　）〕	最終類型	［　］類型

巻末資料B－2　事実関係時系列表(大阪国税局法人課税課研修資料)(Q1－5)

事 実 関 係 時 系 列 表　　　納税者名(　　　　　　　)

年　月　日	事実関係（納税者等が主張する事実を含む。）	左の事実を示す証拠
・　・		
・　・		
・　・		
・　・		
・　・		
・　・		
・　・		
・　・		
・　・		
・　・		
・　・		
・　・		

□　「年月日」及び「事実関係（納税者などが主張する事実を含む。）」欄には、争点等に係る課税要件に関する事項・事実関係を発生年月日順に記載しているか。

□　真偽は別として、納税者の主張する事実についても記載されているか（調査の展開により、主張の矛盾点が鮮明になる。）。

□　「左の事実を示す証拠」欄には、「事実関係（納税者等が主張する事実を含む。）」欄に記載した個々の事実関係について、その事実を裏付けるための証拠書類を対比させて記載しているか。

□　課税要件に該当しない事務的なやり取りは記載していないか（調査経過記録書ではない。）。

□　調査法人の主張で特に証拠がない場合は、「左の事実を示す証拠」欄に（調査法人の主張）と括弧書で記載しているか。

□　調査法人の主張に変更があった場合は、当初の主張を見え消し線で表示しているか。

※　「左の事実を示す証拠」の欄には、申告書、契約書など、記載した事実を確認した資料と編てつ場所を記入する。

24（大法 24009）

巻末資料C－1　審査請求書（Q4－8）

正本　　収受日付印

審査請求書（初葉）

（注）必ず次葉とともに、正副2通を所轄の国税不服審判所に提出してください。

※審判所処理事項	通信日付	確認印	整理簿記入

国税不服審判所長　殿

① 請求年月日	平成　　年　　月　　日

審査請求人	② 住所・所在地（納税地）	〒			
	③（ふりがな）氏名・名称	（　　　）	印	電話番号	－　－
	④ 総代又は法人の代表者　住所・所在地	〒		総代が互選されている場合は総代選任届出書を必ず添付してください。	
	④ 総代又は法人の代表者　（ふりがな）氏名・名称	（　　　）	印	電話番号	－　－
⑤ 代理人	住所・所在地	〒		委任状（代理人の選任届出書）を必ず添付してください。	
	（ふりがな）氏名・名称	（　　　）	印	電話番号	－　－

審査請求に係る処分（原処分）

⑥原処分庁	（　　　）税務署長・（　　　）国税局長・その他（　　　）
⑦処分日等	原処分（下記⑧）の通知書に記載された年月日：平成＿年＿月＿日付 原処分（下記⑧）の通知を受けた年月日　：平成＿年＿月＿日

更正・決定・加算税の賦課決定などの処分に係る日付であり、異議決定に係る日付とは異なりますからご注意ください。

⑧処分名等（該当する番号を○で囲み、対象年分等は該当処分名ごとに記入する。）

税目等	処分名	対象年分等
1 申告所得税 2 復興特別所得税 3 法人税 4 復興特別法人税	1 更正	
	2 決定	
	3 青色申告の承認の取消し	
	4 更正の請求に対する更正すべき理由がない旨の通知	
	5 更正の請求に対する更正	
	6 過少申告加算税の賦課決定	
	7 無申告加算税の賦課決定	
	8 重加算税の賦課決定	
	9 その他〔　　　〕	
5 消費税・地方消費税 6 相続税 7 贈与税 8 地価税	1 更正	
	2 決定	
	3 更正の請求に対する更正すべき理由がない旨の通知	
	4 更正の請求に対する更正	
	5 過少申告加算税の賦課決定	
	6 無申告加算税の賦課決定	
	7 重加算税の賦課決定	
	8 その他〔　　　〕	
9 源泉所得税 10 復興特別所得税	1 納税の告知	
	2 不納付加算税の賦課決定	
	3 重加算税の賦課決定	
11 滞納処分等	1 督促〔督促に係る国税の税目：　　　〕	
	2 差押え〔差押えの対象となった財産：　　　〕	
	3 公売等〔a 公売公告、b 最高価申込者の決定、c 売却決定、d 配当、e その他（　　）〕	
	4 相続税の延納又は物納〔a 延納の許可の取消し、b 物納申請の却下、c その他（　　）〕	
	5 充当	
	6 その他〔　　　〕	
12 その他〔　　〕	〔　　　〕	

※印欄には記入しないでください。

付表1号様式（初葉）

巻末資料C－2　審査請求書（Q４－８）

正本

審査請求書（次葉）

審査請求人氏名（名称）	

原処分に係る異議申立ての状況	⑨異議申立てをした場合（該当する番号を○で囲む。）	異議申立年月日　：　平成＿＿年＿＿月＿＿日
		1 異議決定あり……………異議決定書謄本の送達を受けた年月日　：　平成＿＿年＿＿月＿＿日
		2 異議決定なし
	⑩異議申立てをしていない場合（該当する番号を○で囲む。）	1 所得税若しくは法人税の青色申告書又は連結確定申告書等に係る更正であるので、審査請求を選択する。
		2 原処分の通知書が国税局長名（国税局長がした処分）であるので、審査請求を選択する。
		3 原処分の通知書に異議申立てをすることができるという教示がないので、審査請求を選択する。
		4 その他（　　）
⑪審査請求の趣旨（処分の取消し又は変更を求める範囲）	◎該当する番号を○で囲み、必要な事項を記入してください。 1　全部取消し………初葉記載の原処分（異議決定を経ている場合にあっては、当該決定後の処分）の全部の取消しを求める。 2　一部取消し………初葉記載の＿＿＿＿＿＿＿＿＿＿＿＿＿＿＿＿の取消しを求める。 3　そ　の　他………＿＿＿＿＿＿＿＿	
⑫審査請求の理由	◎取消し等を求める理由をできるだけ具体的に、かつ、明確に記載してください。 なお、この用紙に書ききれないときは、適宜の用紙に記載して添付してください。	
⑬添付書類の確認（該当する番号を○で囲む。）	1 委任状(代理人の選任届出書) 2 総代選任届出書 3 審査請求の趣旨及び理由を計数的に説明する資料 4 その他（　　）	

○審査請求書の記載に当たっては、別紙「審査請求書の書き方」を参照してください。　　付表1号様式（次葉）

本書について

弁護士　坂田真吾

税務というものは、複雑な世界であると思います。

税法自体が、民法や会社法等の私法のみならず会計的概念を取り入れながら課税関係を規律しているというように租税実体法が複雑であるというだけでなく、実務においても、申告納税制度のもと、納税者が税理士に依頼して自主的な申告により自らの租税債務を確定させ、一方で、国側が税務調査等で非違を指摘し、ここで見解が対立した場合には課税処分が行われて審判所や裁判所が最終的な判断を下すというように、多様な専門家が多様な視点で実務に関わることとされています。

執筆者の佐藤さんとは審判所で1年間合議体を組ませていただきました。

審判所は、このような多様な視点を有する専門家が一堂に会して課税処分等の適否を判断するという意味で、税務の複雑性を象徴しているといえます。そして、審判所では、課税庁の職員の常識はいったん脇に置き、法的な検討、すなわち、税法の解釈や裁判所で行われるであろう証拠構造の分析、事実認定を踏まえて課税処分を維持できるのかが議論されます。課税庁の職員の常識としては原処分を維持すべきというものであっても、法的な検討の結果として、処分が取り消された事例も多くあります。

佐藤さんが本書を執筆された動機は、本来複雑な考慮・検討が必要な税務の場面、特に、課税庁との最初の接触である税務調査場面において、審判所、裁判所がもつ法的な視点を取り入れ、納税者の代理人として法的視点を積極的に主張することによって税務紛争を早期に合理的に解決したい、その思考方法を多くの税理士と共有したいというところにあるものと理解しました。

本書では、このような法律的な思考方法が分かりやすく説明されているだけでなく、実際に税務調査や不服申立てで問題となりそうな事柄について丁寧に解説されています。税務調査では、ときとして、担当調査官の常識や経験則をもとに、かなり割り切った紋切り型の見解によって修正申告が勧奨されているものと思います。本書でも触れられているように、「契約書がなければ契約があったとは認められないから否認する」「貸金債権がある以上は債務者が破産していない限り債権の全額を相続財産に加算する」といった紋切り型の税務署の主張に対して、適切な法律解釈や事実認定手法を踏まえてきちんと反論することは、納税者の代理人としての税理士業務にとって非常に重要なことではないかと思います。

以上の意味で、本書は、税務調査において「異なる角度からの見方」を欲しておられる税理士の先生方にとって、重要な手引となるものと考えます。

坂田真吾（さかた・しんご）

【略歴】

平成12年　一橋大学法学部卒業
平成14年　旧司法試験合格
平成15年　一橋大学大学院法学研究科修士課程修了
平成16年　司法修習修了（第57期）・弁護士登録
平成21年　国税庁・国税不服審判所審判官（平成25年まで4年間）（大阪支部に3年間、東京支部に1年間勤務）
平成25年　弁護士業務に復帰（第二東京弁護士会）
平成26年　税理士登録

【著書・論文等】

「審査請求における証拠の閲覧対象の拡大と今後の調査審理について」（平成27年　第38回　日税研究賞受賞）
『弁護士と考える快適なシニアライフと財産活用』（関東弁護士会連合会編著／日本加除出版、平成27年）共著
『願いを想いを形にする　遺言の書き方相続のしかた』（日本加除出版　平成21年）共著
「弁護士による税務紛争対応」
● http://www.s-sakata-law.jp/　を運営

Q&A《きゅうあんどえー》税務《ぜいむ》調査《ちょうさ》・税務《ぜいむ》判断《はんだん》に役立《やくだ》つ
裁判《さいばん》・審査請求読本《しんさせいきゅうどくほん》

2016年 1 月20日　発行

著　者　　佐藤《さとう》　善恵《よしえ》 ©

発行者　　小泉　定裕

発行所　　株式会社 清文社
東京都千代田区内神田 1 － 6 － 6 （MIF ビル）
〒101-0047　電話 03(6273)7946　FAX 03(3518)0299
大阪市北区天神橋 2 丁目北 2 － 6 （大和南森町ビル）
〒530-0041　電話 06(6135)4050　FAX 06(6135)4059
URL http://www.skattsei.co.jp/

印刷：㈱太洋社

ISBN978-4-433-53645-9